BIBLIOTHÈQUE "HISTORIA"

C. LEROUX-CESBRON

Gens et Choses d'Autrefois

NEUILLY — LE BOIS DE BOULOGNE
AUTEUIL — PASSY — LES TERNES

ÉDITIONS JULES TALLANDIER
75, Rue Dareau, Paris (14ᵉ)

Tous droits réservés.

Gens et Choses d'Autrefois

Copyright by Jules Tallandier 1914.   Tous droits de traduction et de reproduction réservés pour tous pays.

VUE DU PAVILLON DE BAGATELLE, DU COTÉ DE L'ENTRÉE.
D'après a un dessin de L. Bellanger.

G. C. A. — 1.

BIBLIOTHÈQUE " HISTORIA "

C. LEROUX-CESBRON

Gens et Choses d'Autrefois

NEUILLY — LE BOIS DE BOULOGNE
AUTEUIL — PASSY — LES TERNES

PARIS

ÉDITIONS JULES TALLANDIER

75, RUE DAREAU, 75 (14°)

Tous droits réservés.

A MON CHER CAMARADE

ÉTIENNE PORT

En souvenir de nos années de jeunesse passées sur les bancs du lycée d'Angers.

L'ARCHITECTE DE BAGATELLE

L'ARCHITECTE DE BAGATELLE

Lorsqu'on visite Bagatelle, l'exquise bonbonnière d'Artois, et lorsqu'on songe que sa construction a été un tour de force de l'architecte — vingt-quatre heures pour établir son projet, six semaines pour le réaliser — on se dit que cet architecte ne pouvait être qu'un homme d'esprit.

Est-il rien de plus naturel, en effet, que la façon absolument inlogeable — parfaitement adaptée cependant aux goûts du prince — dont a été aménagé l'intérieur du pavillon avec son salon en rotonde à coupole, sa chambre décorée comme une tente d'art lleur et sa salle de bains pavée de glaces comme un boudoir d'impure, « où il ne restait aux dames — affirme le baron Thiébault — d'autre parti à prendre qu'à se dépêcher de faire de leurs robes des espèces de pantalons ».

Or, le spirituel architecte de Bagatelle, qui s'appelait François-Joseph Belanger, n'avait pas plus de trente-trois ans lorsqu'il faisait parvenir à la grande cantatrice Sophie Arnould, l'inoubliable créatrice des héroïnes de Gluck à l'Opéra, un billet d'entrée de faveur pour visiter la « Folie d'Artois » à peine achevée. L'élégant billet composé de deux petites cartes à la Fragonard, tirées en bistre, représentait des sphynx jetant de l'eau dans un bassin ombragé de grands arbres, avec au milieu « Bagatelle » gravé en grosses lettres.

Et Sophie Arnould, spécialiste de mots d'esprit, murmurait amoureusement à l'oreille du jeune architecte, tout en se promenant à son bras dans le nouveau domaine :

— « Vous devez être satisfait de votre ouvrage, Paris s'occupera longtemps de Bagatelle. »

Amours d'artistes, sincères et fous, cette liaison de la chanteuse avec l'aimable garçon qu'elle appelait « son bel ange » et qui justifiait pleinement ce surnom, car il avait des traits fins, une tournure élégante, des façons distinguées, une nature enthousiaste très vibrante et un caractère d'une égalité parfaite. Mais ce qui devait emballer, plus que tout, la capricieuse Sophie, c'était chez son ami un fond de gaieté à la blague, un esprit de rapin farceur qui la changeaient des fadeurs de ses soupirants ordinaires. Si l'on veut avoir un échantillon du genre d'esprit qui avait cours dans ce milieu artiste, il faut lire dans la *Sophie Arnould* des de Goncourt l'épisode du souper où Belanger fit escamoter le buste de l'actrice pour lui substituer... une chose que l'antiquité a divinisée — mais que la décence m'interdit de préciser ici — agrémentée pour la circonstance d'ailes et de pattes, comme on en voit de semblables au musée de Naples.

Comment s'étaient connus Lucie Arnould et Belanger ? De la façon la plus simple. Elle avait songé à se faire construire à la Chaussée-d'Antin un hôtel touchant

SOPHIE ARNOULD
DANS LE ROLE DE ZYRPHÉ, DE L'OPÉRA « ZÉLINDOR ».
D'après le pastel de LA TOUR.

celui de la Guimard, mais beaucoup plus somptueux, naturellement — pour faire enrager l'autre — et, Bélanger ayant la vogue, elle s'était adressée à lui. Songez : un médaillé de l'Académie des Beaux-Arts qui venait de construire Méréville pour les La Tour du Pin en Seine-et-Oise, Béloeil en Belgique pour le Prince de Ligne ; qui avait été chargé de dessiner les carrosses pour le sacre de Louis XVI ; qui, en sa qualité d'attaché aux Menus-Plaisirs, rue Bergère, réglait les fêtes publiques, les deuils, les spectacles de la Cour ; sans les conseils duquel personne n'eût osé planter ou abattre un arbre à Paris ou à Versailles. Il avait, en outre, le grand mérite de s'être fait tout seul ; fils d'un ancien militaire qui avait à son actif dix-neuf enfants, on se doute que le jeune artiste n'avait jamais dû compter sur l'aide morale ou pécuniaire de sa famille lorsqu'il s'était agi d'acheter du sieur Galant la charge d'architecte des bâtiments du comte d'Artois.

L'hôtel de la Chaussée-d'Antin ne fut jamais exécuté que sur les plans conservés aux Estampes de la Bibliothèque Nationale, mais l'architecte fut promu au grade d'amant et cette liaison avec Sophie Arnould acheva de le lancer.

Tout le monde connut son altercation avec le marquis de Villette, protecteur de Mlle Raucourt, à la suite d'une querelle entre les deux actrices ; altercation qui se termina par un burlesque semblant de duel réglé d'avance à l'amiable et où les combattants furent séparés avant d'avoir croisé le fer.

Puis ce fut l'offre généreuse faite à son amie de l'épouser pour la protéger contre les médisances qu'elle s'était bénévolement attirées, ce qui faisait dire à la malicieuse jeune femme :

— « Que voulez-vous : on m'a jeté tant de pierres que je ne pouvais mieux trouver qu'un architecte pour les utiliser. »

Cependant il en fut du mariage comme de l'hôtel : l'un et l'autre demeurèrent toujours à l'état de projet.

Enfin, après des sautes de vent fréquentes et des accalmies rares, la flambée de leur passion s'éteignit vers 1785. Insensiblement muée en une douce et durable amitié elle devait leur laisser, à l'un comme à l'autre, le souvenir d'un très subtil parfum de bonheur trop hâtivement respiré et trop vite évaporé... Bientôt Sophie ne put cacher à Belanger qu'elle lui préférait le comédien Florance. En vain l'ami tenta, pour combattre cette nouvelle toquade de sa chère cigale, de la tourner en plaisanterie en adressant au personnage en faveur la lettre de congé qui lui était destinée à lui-même, rien n'y fit ; sa défaite était inéluctable. Elle eut même les honneurs de la scène : André de Murville en fit une pièce « *Melcour et Verneuil* » où figuraient Sophie, Florance et Belanger, très reconnaissables sous des noms d'emprunt.

Heureusement pour l'amoureux éconduit, ses succès comme architecte l'aidèrent à se consoler de ses déboires de cœur. C'est M. de Saint-James qui lui ouvre un crédit illimité pour créer à Neuilly une « Folie » plus coûteuse que celle du comte d'Artois ; c'est, de son côté, le prince qui lui fait bâtir de splendides écuries sur l'emplacement de l'ancienne Pépinière au Roule. A l'autre bout de Paris,

Beaumarchais le sollicite de lui dessiner son jardin tandis que Mlle Contat lui demande les plans d'un hôtel, pour l'édifier à l'angle de la rue de Berry et de l'avenue des Champs-Elysées. Sans parler d'un bâtiment destiné aux Gardes du Corps à Versailles, de l'aménagement intérieur du château de Maisons, de l'hôtel Crillon, place Louis XV, des pompes à feu de la Gare et de Chaillot, de la création du beau jardin de Michel Simon à Meudon, à propos duquel il compose ces vers bien banals pour un homme d'esprit :

> Adieu le jardin de Meudon ;
> Adieu ses bosquets, ses ombrages,
> Sa grotte, ses eaux, ses bocages,
> Sa terrasse et son beau gazon.

N'est pas poète qui veut, si bon architecte qu'on soit !

On n'en finirait pas d'énumérer tous les travaux que fit Belanger à cette époque, y compris la maison qu'il se bâtit à lui-même au 21 du faubourg Poissonnière, où il habitait lorsqu'éclata la Révolution.

Les événements de 1789 ne le surprirent ni ne l'effrayèrent outre mesure. Mieux qu'aucun autre il savait, lui qui avait vécu dans les coulisses de la cour, tout ce que le manteau fleurdelisé de la royauté recouvrait d'abus et de décompositions ; on peut même ajouter qu'il avait payé pour le savoir, attendu qu'il avait dû avancer 15.000 livres sur ses propres deniers au cours des travaux entrepris pour le comte d'Artois ; que la liste civile restait lui devoir 70.000 livres sur son traitement d'architecte du Roi, plus 24.000 livres pour sa pension dans la maison d'Artois ; et que, grâce à la grande liquidation révolutionnaire, il allait voir toutes ses créances passées au bleu.

Aussi n'y a-t-il rien de surprenant à le trouver, plein d'enthousiasme pour le nouvel état de choses, signaler son zèle réformateur, lors de la réunion des Etats Généraux, par une lettre au marquis de Brézé — le grand-maître des cérémonies immortalisé par l'apostrophe de Mirabeau — pour « déplorer le ridicule accoutrement dont on a affublé les membres du Tiers » le petit manteau noir de cérémonie, sans doute. Ça, c'est une protestation d'artiste. Mais dans un ordre d'idées plus sérieux, il avait assumé, trois mois auparavant, la tâche délicate de rédiger les cahiers des vœux de son quartier, le faubourg Montmartre, dont il était le premier électeur ; et, au lendemain de la prise de la Bastille, il avait fait voter à sa section une motion pour que la prison fût immédiatement démolie ; enfin, il avait dessiné un projet de palais pour loger à Paris les Sentinelles du peuple (lisez : les députés).

Plus tard, non content d'équiper à ses frais trois volontaires pour défendre la République aux frontières et de faire une collecte pour venir en aide aux patriotes de la Vendée, Belanger s'était fait élire en 1792 membre de la première Commune de Paris. Il eut, en cette qualité, une mission assez délicate à remplir. Des aristocrates avaient comploté d'arrêter à Rueil quatre-vingts voitures de farine destinées à l'alimentation de Paris; ils comptaient sur l'appui des gardes suisses casernés dans cette localité. Notre héros se rend à Rueil, parlemente avec la population, prêche les gardes suisses, fait appel au dévouement des municipalités ; bref, au bout de vingt-quatre heures de palabres, il réussit à amener aux barrières les quatre-vingts voitures escortées précisément par les gardes suisses qui devaient aider à les arrêter.

Encore une preuve de son civisme : le 8 août 1792, lorsqu'il avait appris que des événements graves se préparaient à Paris, il n'avait pas hésité à quitter précipitamment les eaux de Forges, où il soignait une néfrésie mal guérie, pour venir reprendre son poste dans la capitale.

Tous ces témoignages de son attachement aux idées nouvelles auraient dû protéger l'architecte contre les persécutions révolutionnaires ; il n'en fut rien pourtant.

Belanger possédait à l'angle de la rue Neuve-des-Capucines — la rue des Capucines actuelle — et de la rue Neuve-de Luxembourg — maintenant la rue Cambon — une maison « de rapport », comme on dit aujourd'hui. Il en louait une partie ; dans l'autre il ramassait des objets d'art, des échantillons de boiseries, des tapisseries, des meubles de prix ; tout cela lui servait de modèles lorsqu'il avait à meubler des hôtels ou des palais ; c'était un vaste bric-à-brac de choses rares et précieuses.

Sa principale locataire était Mlle Dervieux, une actrice non moins célèbre naguère à la cour et à la ville par ses intrigues galantes qu'à l'Opéra par ses succès de cantatrice, mais assagie par l'âge — elle avait maintenant dans les environs de quarante ans.

La Dervieux avait eu la gloire en 1775 d'être associée à Sophie Arnould dans un pamphlet intitulé : « les Animaux rares de la Foire » qui avait couru les ruelles et où elle était dépeinte sous les traits d'une jolie guenon.

Vers la même époque elle avait été la promotrice d'une fête par souscription à laquelle devaient contribuer tous les aimables libertins de la Cour. Chacun d'eux avait versé cinq louis pour l'organisation d'un pique-nique délicieux, que devait précéder un spectacle où chanterait Mlle Duthé et où Mlle Guimard jouerait la comédie. La fête devait avoir lieu chez un traiteur sur les boulevards, à l'époque du carnaval ; le duc de Chartres et le comte d'Artois étaient au nombre des souscripteurs. Mais va te faire lan laire ! la date en fut retardée et vint à tomber en plein carême. Le Roi l'apprit ; très orthodoxe pour les autres comme pour lui-même, il l'interdit tout net et, pour plus de sûreté, il donna l'ordre au guet de garder toutes les avenues qui menaient chez le traiteur, afin qu'aucun des joyeux conspirateurs n'y pût pénétrer en catimini. Ce que voyant, Mlle Dervieux, surintendante du pique-nique, eut dans son désespoir un beau geste :

« — Qu'on porte tout le festin au curé de Saint-Roch ! ordonna-t-elle. Ce sera pour les pauvres de sa paroisse. »

Lorsque l'histoire fut connue dans le public, on nomma plaisamment ce repas : *le festin des chevaliers de Saint-Louis*, à cause du montant de la cotisation — cinq louis — qu'ils avaient versé... pour les pauvres.

En 1793 Mlle Dervieux, qui ne possédait plus, hélas ! le bel hôtel de la rue Chantereine, dont Belanger lui avait autrefois dessiné les jardins, habitait bourgeoisement et modestement l'immeuble de son architecte.

Or, au plus fort de la Terreur, dans la nuit du 20 vendémiaire an III, ce dernier, qui demeure, lui, faubourg

Poissonnière 21, est réveillé par des coups violents frappés dans sa porte. Ce sont des municipaux qui viennent, au nom de la Loi, lui intimer l'ordre d'avoir à se rendre d'urgence à la section des Piques, dont dépend sa maison de la rue Neuve-des-Capucines. Là, introduit devant le comité, le Président lui déclare sans phrases :

— « Nous avons décidé de prendre ta maison pour en faire une maison d'arrêt pour les étrangers ».

Aussitôt Belanger de se débattre :

— « Mais mes locataires ! Mais mes objets d'art ! Mais mes meubles ! Tout va être saccagé si on y met des prisonniers ! »

On lui répond par ce brutal dilemme :

— « Ta maison ou la prison ».

Et comme il insiste à nouveau sur la perte matérielle considérable qu'il va avoir à subir, le Président prononce sur un ton qui n'est pas celui de la plaisanterie :

— « Quant aux indemnités, nous avons des logements vacants à la Force et à Saint-Lazare pour tes locataires et pour toi ! Tu as six heures pour déménager. »

Ainsi dit, ainsi fait. Les six heures écoulées, douze factionnaires vinrent prendre possession de la maison de Belanger ; on y enferma soixante-deux individus suspects, après leur avoir fait payer préalablement des contributions représentatives de leur loyer dont le propriétaire ne fut pas admis à toucher un sou, et la maison de la rue Neuve-des-Capucines prit le nom de Maison d'arrêt des Anglais.

Voilà comment on créait une nouvelle prison sous la Terreur.

Cependant Belanger devait, comme propriétaire, un logement à sa locataire ; il lui offrit la moitié de sa maison du faubourg Poissonnière et la pauvre demoiselle Dervieux, sans asile, fut encore bien heureuse d'accepter l'hospitalité si galamment offerte. Installés tant bien que mal dans leur phalanstère, tous deux n'auraient demandé qu'à y vivre oubliés ; on ne leur en laissa pas le loisir.

Trois semaines après l'affaire de la rue Neuve-des-Capucines, le comité de surveillance du faubourg Montmartre ordonnait une visite domiciliaire chez Belanger, puis, comme on eut vent qu'il essayait de corrompre à l'aide d'un succulent pâté le secrétaire-adjoint du comité, afin d'obtenir de lui qu'il subtilisât le procès-verbal de la visite domiciliaire, on décida d'incarcérer le dangereux suborneur à Saint-Lazare, et du même coup, pour ne pas faire de jaloux, on coffra la Dervieux ainsi que le concierge.

Ce serait bien mal connaître notre prisonnier que de s'imaginer qu'une fois dans sa cellule n° 39, corridor germinal, à Saint-Lazare, il perdit son temps à se lamenter ; il avait bien trop d'esprit et de sens pratique pour cela. Il se mit à écrire, histoire de tromper la monotonie des heures de réclusion. Il écrivit d'abord des mémoires instructifs sur les arts, puis un commentaire de l'ouvrage de Honwod sur les prisons — c'était d'actualité — ensuite un mémoire contre l'apposition des scellés chez lui, parce que cela causait un grave préjudice à douze ou quinze cents ouvriers, employés jadis dans les grands travaux de Saint-James, Bagatelle, etc... dont il s'était chargé de

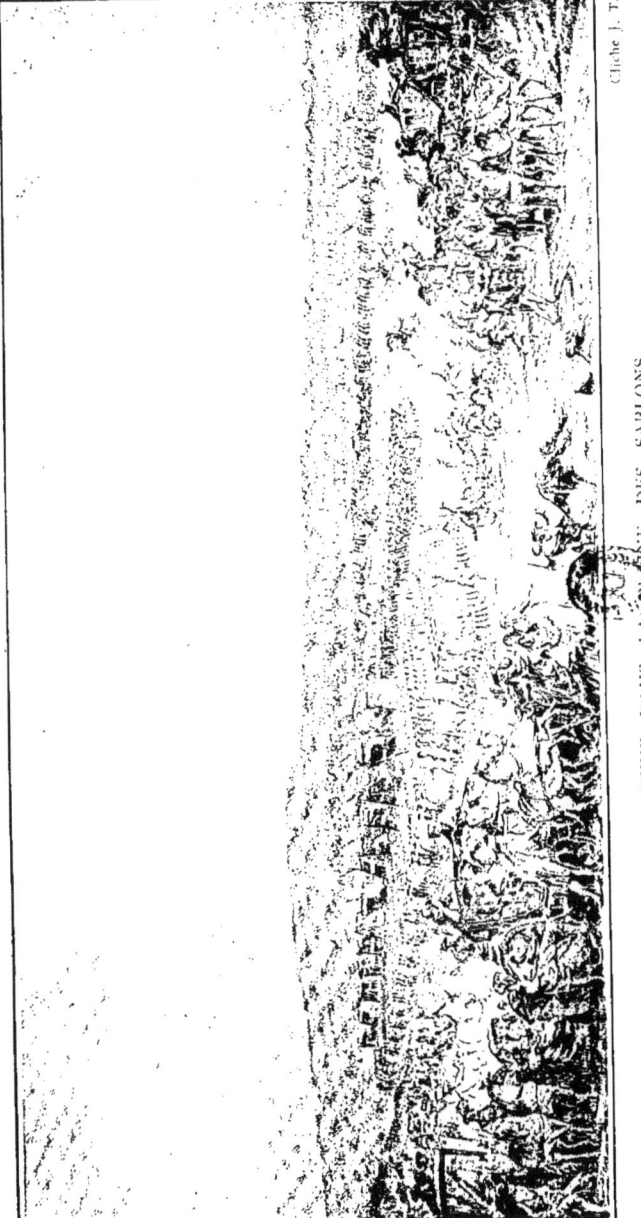

UNE REVUE DANS LA PLAINE DES SABLONS.
Dessin de Moreau le jeune. (Musée du Louvre.)

faire valoir les réclamations lors du règlement de leurs comptes.

Il écrivit encore au Comité du Salut Public pour demander que, vu son grand âge (50 ans), sa santé, un érésipèle aux jambes et un cautère au bras, on le transférât entre deux gendarmes dans sa maison de la rue Neuve-des-Capucines, alors maison d'arrêt des Anglais, afin d'y recevoir plus facilement les soins de son chirurgien ordinaire.

Il écrivit enfin à Paré, ministre de l'Intérieur — une ancienne connaissance — en le sollicitant d'obtenir son élargissement ainsi que celui de Robert, Paquier, Le Moniez, Audran et Gouthière, tous artistes, « qui ont, disait-il, vingt doigts à chaque main » ; et le blagueur incorrigible terminait sa requête par cette réflexion d'un scepticisme un peu narquois : « Je crains que tu me dises : De minimis non curat pretor ».

A toutes les suppliques de Belanger on ne répondit pas, ou plutôt on répondit en le changeant de prison ; nous le retrouvons, en effet, le 23 thermidor an III, date de sa mise en liberté, « enterré dans un des caveaux de Sainte-Pélagie, « comme une fille repentie » selon ses propres expressions.

Un de ses premiers actes, une fois libre, fut d'épouser son ancienne locataire M{}^{lle} Dervieux, libérée en même temps que lui. C'était bien naturel ; n'avaient-ils pas souffert ensemble, été ruinés ensemble ; que n'avaient-ils pas fait ensemble ? Car, dans les rapports de police de son Comité, on signalait que Belanger avait un fils de 9 ans, qu'il faisait élever à Paris chez Roussel.

Bref, il convola. A l'occasion de cet événement sa vieille, son ancienne passion, Sophie Arnould, échappée, elle aussi, à la guillotine mais non à la misère et à la décrépitude, retirée à Luzarches, lui écrivait : « Ils t'ont ruiné, mon bel ange, incarcéré et marié ; moi aussi ... Je ne suis pas mariée, mais ruinée ! ! » Et elle lui racontait comment, lors d'une visite domiciliaire, les agents du Comité avaient pris son buste sur sa cheminée — celui sans doute que jadis Belanger avait fait escamoter et remplacer par quelque chose de si irrévérencieux — pour celui de Marat.

Aussitôt Belanger lui répondait : « Je suis tenté de dire comme ce catholique qui rendait compte de son traitement à son médecin et qui disait : « Ils m'ont donné « l'émétique, l'eucharistie, l'opium et le viatique dans « la même journée ».

Lorsque Sophie faisait ainsi à son « bébé » ses compliments à la blague sur son mariage, tout en lui avouant qu'elle avait pleuré et chanté : « Pauvre Jacques » en pensant à lui, ne regrettait-elle pas d'avoir tourné jadis trop vite la page de ses amours avec le séduisant architecte du Roi et n'enviait-elle pas au fond de son cœur la chance de sa camarade, alors dédaignée, la Dervieux, qui allait devenir la bonne Madame Belanger et finir ses jours dans la peau d'une « très honneste dame ».

Quant à notre héros, non seulement la réaction thermidorienne l'avait fait sortir de prison, mais encore elle lui avait rendu la confiance des autorités, à ce point qu'il ne tarda pas à être nommé derechef membre du Comité de sa section avec mission de présider aux distributions de porc frais, de chandelle, d'huile de bois, etc... ainsi qu'aux enterrements, tout cela pour un écu par jour, avec du travail de sept heures du matin à onze heures du soir « de manière — écrivait-il toujours à son amie Sophie — que je suis tenté de demander qu'on veuille bien me remettre en prison pour que je puisse être au moins un peu libre ».

Seulement, comme l'écu qu'il gagnait par jour ne faisait pas de Belanger un millionnaire et que la révolution l'avait presque complètement ruiné — tout avait été pillé, cassé, saccagé chez lui — il se présentait le 20 novembre 1794 à la barre de la Convention ; et là, se prévalant de sa qualité d'artiste de talent, de fondateur des manufactures de papier-tentures, et de créancier de l'Etat, se plaignant bien haut de ses huit mois d'incarcération, il réclamait contre de pareils abus « qui seraient réformés à Alger et à Tunis » — toujours le mot pour rire — et il demandait une indemnité qu'on ne lui alloua probablement pas.

Or, à cette même époque, il advint dans la vie de Belanger un événement sensationnel au premier chef. Il fut, en sa qualité de membre de la section de Montmartre, invité à se rendre de service, au Temple, où les deux enfants de Louis XVI étaient toujours prisonniers.

La Convention avait déclaré qu'il serait envoyé chaque jour au Temple un commissaire pris dans les 48 sections de Paris pour être adjoint pendant vingt-quatre heures aux commissaires officiels de la prison, les citoyens Gomin et Lasne.

Belanger arrive. Il est introduit auprès de Madame

Royale, puis auprès du Dauphin, afin qu'il puisse constater leur existence. On sait dans quel état de détresse physique et morale était alors le petit martyr qui allait mourir neuf jours plus tard entre les bras de son gardien ; rongé de scrofule, ankylosé de tous ses membres, recroquevillé, décharné, aux trois quarts idiotisé par les brutalités de l'ignoble Simon, navrante petite loque humaine, qui n'a plus que le souffle.

Cependant l'architecte le reconnaît, lui qui l'a approché au temps où l'enfant royal était choyé de toute la cour. Il sort de sa poche un carton rempli de ses croquis et alors, si nous en croyons Beauchesne qui fait autorité dans la question Louis XVII, il lui demande :

— « Aimez-vous le dessin ? »

Pas de réponse, seulement deux grands yeux morts le fixent longuement. L'artiste, sans paraître s'inquiéter de ce silence obstiné, ouvre son carton, le met sous les yeux du petit Capet et le lui fait feuilleter. Celui-ci tourne les pages d'abord machinalement, puis les dessins commencent à fixer son attention, bientôt ils l'intéressent à ce point que, l'album achevé, il recommence à le feuilleter une seconde fois, tandis qu'avec d'infinies douceurs d'inflexions dans ses moindres paroles, avec des délicatesses cherchées dans le choix de ses expressions, Belanger de son mieux explique ses croquis. Sans en avoir l'air, il glisse de temps en temps une question au milieu de ses explications, et petit à petit l'enfant royal apprivoisé consent à répondre.

L'artiste a repris son carton ; au moment de le remettre dans sa poche, il se hasarde à dire :

UNE REVUE SUR LA PLACE DU CARROUSEL, EN 1810.
Tableau d'Hippolyte Bellangé et Adrien Dauzats. (Musée du Louvre.)

— J'aurais bien désiré emporter un croquis de plus, mais je ne veux pas le faire si cela vous contrarie.

— Quel croquis ?

— Celui de vos traits, cela me ferait plaisir si ça ne vous faisait pas de la peine.

— Cela vous fera plaisir ? questionne le petit prisonnier surpris.

Puis il sourit et ce triste sourire dans le visage sans couleur et sans expression du fils de Capet est une approbation muette au désir de l'artiste.

Vite Belanger, fébrile et ému, a saisi son crayon et tracé à grands traits le profil de l'enfant, puis il est parti... et le 8 juin suivant Louis XVII cesssait de vivre... et de souffrir.

Beauchesne ajoute, comme épilogue au récit de cette scène, que, quelques jours après, le sculpteur Beaumont exécuta d'après ce profil le buste de Louis XVII, reproduit plus tard par la manufacture de Sèvres.

Malheureusement, si le récit de Beauchesne est exact en ce qui concerne l'entrevue de Belanger avec le Dauphin — et un rapport du préfet de police, comte Augier, daté de septembre 1817, et conservé aux Archives nationales, semble le prouver — il n'en est pas de même pour ce qu'il raconte du buste en biscuit de Sèvres, attendu que la manufacture de Sèvres n'a jamais exécuté de buste de Louis XVII signé Beaumont. Beauchesne a sans doute confondu avec un médaillon de Louis XVII exposé par Beaumont au salon de 1827.

Il serait intéressant de savoir où est ce médaillon, qui demeure le suprême portrait de l'enfant martyr.

Durant le Consulat et le premier Empire, il ne semble pas que Belanger ait joui d'une bien grande faveur auprès des pouvoirs constitués. Dans ses papiers conservés à la Bibliothèque Saint-Fargeau on le voit faire des démarches infructueuses le 25 frimaire an VII pour être nommé directeur ou commissaire des fêtes nationales consulaires avec des attributions, comme en avaient autrefois les Intendants des Menus et en 1804 pour obtenir une place d'Inspecteur à la Préfecture de la Seine. Entre temps, il continuait à être très apprécié comme architecte ; en 1810, il construisait les bains Vigier sur la Seine, au Pont-Neuf, qui passaient aux yeux de nos pères pour le dernier mot du luxe et du confort balnéaire, « Le Palais du Repos et de la Santé », — ils existent encore aujourd'hui à 50 centimes, bien déchus, hélas ! de leur ancienne splendeur, — le grand abattoir rue de Rochechouart, précurseur de ceux de la Villette, et en 1811 les charpentes en fer de la coupole de la halle aux blés. Il s'occupait de l'organisation d'un corps de pompiers à Paris et faisait à l'Athénée des Etrangers des conférences sur les jardins et la géométrie.

Lorsqu'arriva 1814, Belanger, qui avait vu sans regret s'écrouler la royauté de Louis XVI, exulta à la restauration du trône de Louis XVIII.

Tout à la joie de fêtes pour la rentrée du souverain légitime dans sa bonne ville de Paris — rendez-nous notre père de Gand — ce fut lui qui se chargea de faire exécuter en plâtre sur le terre-plein du Pont-Neuf le projet de statue de Henri IV par Lemot, qui devait s'élever sur l'emplacement de l'ancienne statue démolie par la Révolution.

Très en faveur auprès des Bourbons, il reçut la mission en 1817 de faire replacer dans la basilique de Saint-Denis les reliques du saint conservées dans le couvent des Carmélites, et d'y faire transférer les restes de Louis XVI et de Marie-Antoinette. Il affirmait à cette occasion que le Roi et la Reine avaient été ensevelis presque habillés dans des cercueils fournis par un menuisier nommé Jolly Bedant, tandis que Madame Elisabeth avait été jetée simplement à même la fosse commune. Les tristes reliques, retirées d'un terrain appartenant à M. Desclozeaux, propriétaire du cimetière de la Madeleine, furent mises sur un char funèbre qu'escortait un détachement de la Compagnie Rouge des Gardes du Roi ; les troupes de ligne formaient la haie. M. le duc d'Angoulême, M. le duc de Berry, M. le duc d'Orléans suivirent tout le temps le char ; partis à huit heures des Tuileries, ils arrivèrent à une heure dans la cathédrale de Saint-Denis et n'en sortirent qu'à six heures du soir.

Nommé Intendant des bâtiments du Roi, puis chevalier de la Légion d'honneur, l'aimable Belanger qui, depuis soixante-quatorze ans qu'il vivait, avait assisté à bien des événements tragiques ou comiques, passé par bien des émotions agréables ou douloureuses, applaudi à bien des apothéoses, pleuré à bien des effondrements, devait avoir en 1818 l'impression que la vie n'avait plus rien d'intéressant à lui apprendre ; c'est pour cela sans doute qu'il se décida à la quitter le 1er mai de cette année-là, laissant à ses amis et à ses élèves le souvenir d'un artiste de beaucoup de talent, mais surtout d'un brave homme qui eut le grand mérite d'avoir toujours le mot pour rire, même dans les circonstances où il n'en eut pas envie du tout. Et dire que pas une rue de Paris, de ce Paris qu'il a tant contribué à embellir, ne porte son nom !

OUVRAGES CONSULTÉS POUR CET ARTICLE

Duchesne : Bagatelle. — Ch. Yriarte : Bagatelle. — De Goncourt : Sophie Arnould. — Arnoldiana. — Bibliothèque de la ville de Paris : Papiers de Belanger. — Robert Douglas : Sophie Arnould. — Aulard : Paris sous le Consulat. — Michaud : biographie. — Loiseau : Nécrologie. — Mémoires secrets. — Archives de la Seine. — Archives Nationales F. 7. 4592 et 6808. — E. Boysse : Les abonnés de l'Opéra. — Journal du maréchal de Castellane.

GRANDES REVUES ET PARADES

GRANDES REVUES ET PARADES

Les innombrables Parisiens qui, oubliant l'heure matinale, ou, demeurant trop loin, arrivent en retard le 14 juillet à Longchamp pour la revue et sont réduits à contempler des dos et des nuques, doivent avoir un sentiment d'envie rétrospective très naturel en songeant combien leurs ancêtres étaient mieux partagés qu'eux.

Ainsi, lorsque Louis XV et Louis XVI passaient la revue de leurs gardes françaises et de leurs gardes suisses dans la plaine des Sablons, qui longeait l'avenue de Neuilly — l'avenue de la Grande-Armée s'appelait alors l'avenue de Neuilly — depuis le rond-point de l'Etoile jusque par delà la Porte Maillot, il y avait une telle cohue de curieux accourus de Paris que les régiments manœuvraient presque au milieu de la foule et que les camelots, bouquetières, vendeurs d'oublys et de plaisir-mesdames se sauvaient devant les premiers rangs pour se réfugier à l'abri des carrosses. Dans les carrosses les dames de la Cour, plus empanachées que leurs équipages, — ce qui n'était pas peu dire — avec leurs coiffures à la *distinction* et à la *monte-au-ciel*, marivaudaient avec les seigneurs caracolant aux portières ; tandis que devant le roi et sa brillante escorte de princes et de maréchaux, ondulaient, bannières au vent, les lignes bleues des gardes françaises et les lignes rouges des gardes suisses.

C'est ainsi que le 29 novembre 1748, il y avait une grande revue de houlans dans la plaine des Sablons ; tout Paris était accouru la voir malgré un brouillard intense qui enrhuma bien des bourgeois. Le roi y était à deux heures. Les gardes françaises et suisses faisaient la police et empêchaient les badauds d'approcher, pour ne pas gêner les évolutions de ces prétendues troupes étrangères. Le mot « prétendues » n'est pas exagéré, car le maréchal de Saxe, qui en était pour ainsi dire l'entrepreneur, avait fourré dans ce régiment plus de flamands que de houlans authentiques.

Bref, à cette revue il y eut beaucoup de tapage, de coups échangés, des hommes bourrés avec la pointe des baïonnettes, un maître des comptes tué, des chevaux blessés, parce que tout le monde voulait approcher quand même.

Les revues n'avaient pas toujours lieu dans la plaine des Sablons.

Lorsque Louis XV voulait éviter une trop grande affluence de peuple, il passait en revue ses mousquetaires en plein Bois de Boulogne, à la Croix de Mortemart, dans la grande allée de Saint-Cloud : alors les portes du Bois étaient gardées et l'on n'y entrait que sur invitation. D'autres fois des revues de gardes françaises avaient lieu dans les Champs-Elysées ou dans la plaine de Rueil.

Lorsqu'il était tout enfant, aux débuts de la Régence,

le *Royal-Terrasse*, petit régiment composé de bambins de son âge, défilait devant Louis XV sur les terrasses du château. On lui organisa par la suite un camp dans la plaine de Charenton pour lui faire aimer l'art de la guerre ; il y avait en outre un champ de manœuvres de la Maison du Roi sur les bords de la Seine, en face de la machine de Marly. Lorsque le tzar Pierre le Grand vint à Paris, une revue fut passée en son honneur, dans les Champs-Elysées, par le jeune roi.

Son grand aïeul Louis XIV, lorsqu'il n'était encore qu'adolescent, en 1657, faisait manœuvrer ses mousquetaires dans une prairie située à l'extrémité de Neuilly, entre le pont et Bagatelle. Toujours en tête, il commandait les charges ; très reconnaissable à son juste-au-corps de velours noir avec boutons de soie, par-dessus lequel était passé son baudrier noir sans frange, « afin de servir d'exemple à tous ceux de son royaume, qu'il veut porter à moins de dépenses en habits ».

Cinquante-sept ans plus tard, c'était à Marly, au Trou d'Enfer, qu'avaient lieu ces solennités militaires. Le roi y menait toutes les dames de la Cour pour voir son régiment qui portait un uniforme gris clair avec des boutonnières de soie couleur d'or et des rubans couleur de feu. C'est à une de ces revues qu'il contracta la maladie qui devait l'emporter.

Sous Louis XV, les revues passées au camp de Marly tous les trois ans se terminaient à cinq heures ; mais l'encombrement des carrosses sur le pont de Neuilly, au retour, était tel qu'on n'était jamais rentré à Paris avant onze heures ou minuit.

Louis XV, devenu grand-père, faisait passer à son petit-fils le dauphin une grande revue au camp de Verberie, près de Compiègne — 24.000 hommes sous les ordres du baron de Wurmser.

Le roi se tenait chapeau bas et à pied à côté du phaéton magnifique dans lequel paradait Mme du Barry. Le régiment de Beauce, commandé par le chevalier de la Tour du Pin, ayant, au retour de la revue, rendu à Mme du Barry les mêmes honneurs qu'au roi, le duc de Choiseul adressa un blâme au colonel. Le sévère ministre avait voulu voir une atteinte à la hiérarchie là où il n'y avait qu'une galanterie de courtisan ; les amis de la favorite n'étaient pas ses amis.

Le dauphin, devenu Louis XVI, passa, du temps où il était encore souverain absolu, des revues aux Sablons, à Marly, et même à Grosbois, où Monsieur lui présenta un jour son beau régiment de carabiniers, et parmi eux, ce célèbre cavalier, qui, à la bataille de Laufeld, avait fait prisonnier le commandant de la cavalerie anglaise Ligonier, s'était refusé à le relâcher pour de l'or, mais lui avait emprunté son nom, sous lequel il devait se distinguer plus tard dans les armées de la République.

Devenu roi constitutionnel, le même Louis XVI fit défiler devant lui, en octobre 1789, la garde nationale de Paris dans les Champs-Elysées, au Champ-de-Mars en mai 1790, et les troupes de ligne au pont de Neuilly dans la semaine qui suivit la fête de la Fédération.

On y remarquait des vétérans dont plusieurs portaient la double décoration, ce qui faisait penser qu'ils avaient au moins quarante-huit ans de service.

Ce furent les dernières revues passées par Louis XVI avant cette lugubre matinée du 10 août 1792 où il apparut devant ses fidèles suisses en habit violet, la perruque de travers, décourageant et découragé.

Pendant la Révolution, les revues, qui avaient surtout le caractère de fêtes civiques, eurent toujours lieu au Champ-de-Mars ; seulement on se plaignait qu'à cause de l'étendue de la plaine l'éloignement nuisît à l'intérêt du spectacle.

Sous le Consulat, les revues s'appelaient des parades et avaient lieu sur la place du Carrousel, derrière les portes et les grilles que Bonaparte avait fait élever dans ce but. Un peu avant midi, tous les régiments d'infanterie et de cavalerie se mettaient en ligne ; puis la garde consulaire arrivait, précédée par sa belle musique et son tambour-major vêtu magnifiquement. Le cheval du premier Consul était amené par des soldats de pied en livrée vert et or. A midi sonnant à l'horloge du château, Bonaparte apparaissait entouré d'un détachement de la garde consulaire ; il sautait sur son cheval et galopait aussitôt vers la porte la plus voisine de la galerie du Louvre, suivi de ses généraux superbement vêtus. Lui, portait l'habit bleu à revers blancs, épaulettes d'or, petit chapeau à cornes, bottes à la mode anglaise. Il tenait à la main une petite cravache. Tandis qu'il parcourait au pas de son cheval blanc les rangs de ses grognards, les dévisageant de son regard noir, froid, énergique et saluant en passant chaque drapeau, la foule, où se dissimulaient les complices de Babeuf et de Cadoudal, criait à plein gosier : « Vive Bonaparte ! Vive le premier Consul ! »

Et lui aussi Bonaparte passait des revues dans la plaine des Sablons. Le 23 fructidor an XI, par exemple, il arrivait au rendez-vous dans une voiture à six chevaux, montait aussitôt à cheval, faisait manœuvrer toutes les troupes de la garnison de Paris, y compris la garde consulaire, soit au total 18.000 hommes, et dirigeait, toujours au galop, les évolutions de différents corps devant une foule immense accourue de Paris à pied, à cheval et en voiture, pour jouir du spectacle.

C'est dans les grandes capitales de l'Europe que Napoléon, devenu César, passa ses plus belles revues. Rappelons pourtant celle de la garde impériale hollandaise, en 1809, au Bois de Boulogne, qui se termina par un orage, grâce auquel les Hollandais, émus par le vin de Suresnes, serrèrent d'un peu trop près les Parisiennes fuyant affolées sous l'averse et houspillèrent leurs maris un peu plus vigoureusement que de raison.

Lors de l'entrée des Alliés à Paris en 1814, les deux empereurs de Russie et d'Autriche ainsi que le roi de Prusse passèrent en revue leurs gardes impériale et royale à midi dans l'avenue de Neuilly. Le défilé se fit devant les trois souverains postés sur la place de l'Etoile.

Durant la première Restauration, la plaine des Sablons fut encore témoin d'une grande mise en scène militaire, organisée par Dupont, ministre de la Guerre, pour donner aux ducs d'Angoulême et de Berry le spectacle d'un simulacre de bataille. Il y eut deux armées, dont chacun des princes prit le commandement, qui manœuvrèrent l'une contre l'autre. Seulement, comme au cours de l'action, après une brillante charge de fourrageurs des houzards contre les chasseurs du Roi, il y eut des balles échangées entre une compagnie d'infanterie suisse et des voltigeurs, on se hâta de terminer la manœuvre, qui aurait pu dégénérer en bataille véritable, et le parti du duc de Berry battit en retraite devant celui du duc d'Angoulême, attendu que protocolairement ce dernier avait la préséance en vertu de son droit d'aînesse, comme au plus beau temps de l'ancien régime.

Mais soudain voilà que Napoléon revient de l'île d'Elbe sans crier gare. Le lendemain matin même de sa rentrée aux Tuileries, après quatre heures de repos, bien juste, il descend dans la cour du Carroussel et passe en revue les demi-soldes massés aux abords du palais. Il les électrise par ces paroles : « — Je compte sur vous comme vous pouvez compter sur moi ! » Paroles bien banales, n'importe qui aurait pu en dire autant, seulement *lui* avait la *manière* !

Après Waterloo, à la seconde rentrée des Alliés à Paris, il y eut de nouveau, le 14 juillet 1815, aux Champs-Elysées, une revue colossale — 70.000 hommes — des armées russe, prussienne, autrichienne et anglaise ; la ligne des troupes s'étendait depuis la place Louis XV (la place de la Concorde) jusqu'au pont de Neuilly. A une troisième revue, le 30 août, l'artillerie anglaise à cheval fit sensation avec ses fusées à la Congrève, et quelques trop ardentes royalistes, parmi les jolies femmes de Paris, ne craignirent pas d'aller sabler le champagne avec les officiers étrangers, sous leurs tentes, dans les Champs-Elysées, ce qui fit clamer plus tard à Auguste Barbier dans ses iambes :

> J'ai vu, jeunes Français, ignobles libertines
> Vos mères, belles d'impudeur,
> Aux baisers du cosaque étaler leurs poitrines
> Et s'enivrer de son odeur.

La Restauration passa ses revues au Champ-de-Mars. La plus mémorable fut celle du 26 avril 1827 où le roi Charles X, escorté du dauphin et du duc d'Orléans, suivi de la dauphine et de la duchesse de Berry en calèches découvertes, fut accueilli par les cris de : « Vive la Charte ! A bas le ministère ! », et répondit à un garde national, qui manifestait : « Je suis venu ici pour recevoir des hommages et non des leçons ».

Du temps de Louis-Philippe, les revues se passèrent également au Champ-de-Mars. Lors de la revue donnée le 14 juin 1839, en l'honneur du mariage du duc d'Orléans, il y eut une panique qui précipita la foule contre les grilles de l'Ecole militaire et fit de nombreuses victimes.

Dans les premières années du second Empire, en août 1855, Napoléon III passa une grande revue au Champ-de-Mars en présence de la reine Victoria d'Angleterre et celle-ci s'écria en voyant le superbe défilé : « Ce sont les camarades de ceux qui se battent en ce moment avec mes troupes (en Crimée) ».

Le 16 mars 1863, un ordre de l'Empereur réunissait dans le jardin réservé des Tuileries les enfants de troupe des trois régiments de la garde impériale et des zouaves. L'Empereur parut, tenant son fils par la main et vint le placer dans les rangs juste au centre, à côté du porte-drapeau. Puis il demeura un moment, la tête inclinée, à contempler, avec des yeux de papa, le cher petit prince, habillé en caporal des grenadiers, coiffé du lourd bonnet àpoil, sous lequel bouclaient ses fins cheveux blonds, et dévisageant son père bien en face de toute la profondeur de son regard d'azur. Enfin, Napoléon III s'éloigna pour mieux apprécier les exercices des mioches et le défilé commença.

Depuis que l'hippodrome de Longchamp a été créé à l'endroit où s'élevait jadis l'abbaye de joyeuse mémoire, les grandes revues se font presque toujours dans cette plaine. C'est au retour d'une revue de Longchamp qu'en 1867 eut lieu, près de la Cascade du Bois de Boulogne, l'attentat de Berezowski, qui faillit coûter la vie à l'empereur de Russie Alexandre II, assis près de Napoléon III dans la même calèche.

Ici un douloureux souvenir : sur ce même hippodrome, l'empereur d'Allemagne passa en revue en 1871 l'armée d'invasion au moment d'entrer dans Paris, qui venait de capituler.

Oublions-le bien vite au spectacle réconfortant de notre armée superbe d'endurance et d'entrain lorsqu'elle défile chaque année le 14 juillet devant le Président de la République.

Qui n'a pas vu les Parisiens escorter nos régiments à travers le Bois de Boulogne, « en r'venant d'la revue », ne peut pas se faire une idée de la vogue dont jouit cette fête militaire. Je me souviens, l'année dernière, d'une petite Bretonne avec sa coiffe de linge plat qui suivait au pas, bras dessus bras dessous avec un marsouin, un régiment de chasseurs à pied, clairons sonnants, tout le long de l'avenue des Acacias. Bretonne, marsouin, chasseurs à pied, il m'a semblé voir défiler, joyeuse, toute la belle jeunesse de France en marche vers l'avenir.

OUVRAGES CONSULTÉS POUR CET ARTICLE :

Jean Buvat : Journal de la Régence. — Mémoires de la comtesse d'Oberkirch. — Jehan Valter : Les Tuileries. — Maugras : le duc de Lauzun. — Mémoires de d'Argenson. — Babeau : Les Anglais en France après la paix d'Amiens. — Bulletin de la commission historique de Neuilly. — C. Piton : Marly-le-Roi. — Nouvelle biographie générale de Didot. — Comte d'Hezecques : Souvenirs d'un page de la cour de Louis XVI. — Louis Barron : Le prince impérial et les pupilles de la garde.

VUE DU CHATEAU DE LA MUETTE ET D'UNE PARTIE DU PARTERRE.
Dessin de J. RIGAUD.

LE CABINET DE PHYSIQUE
DE LOUIS XV A LA MUETTE

LE CABINET DE PHYSIQUE
DE LOUIS XV A LA MUETTE

Les travaux du Métropolitain viennent de faire disparaître au coin de la rue de Passy et de la rue de la Pompe, une maison « dont on pouvait admirer encore du côté de cette dernière les nobles fenêtres de style », suivant les propres expressions de M. Jean Monval dans un article très intéressant et très documenté sur le cabinet de physique de Louis XV, qu'a publié le supplément du *Figaro* du 24 juin 1911. Dans cet article M. Monval racontait l'acquisition de l'immeuble en 1760 — on le paya sur prix d'estimation fixé par l'architecte Gabriel 55.000 livres à son propriétaire, le sieur Feydière ; ensuite l'installation dans cet immeuble des instruments de physique et d'optique de Sa Majesté par les soins du Révérend Dom Noël, religieux profès de l'ordre de Saint-Benoist, nommé par brevet « garde et démonstrateur » dudit cabinet aux appointements de 12.000 livres ; enfin la décadence de l'établissement sous Louis XVI et le transport des instruments à l'Observatoire en 1788, lorsqu'il fut question de vendre la Muette et ses dépendances.

De son côté M. Robert Hénard, dans le *Siècle* du

1ᵉʳ juillet 1911, a également retracé avec une scrupuleuse exactitude l'histoire de cet intéressant cabinet de physique et des transformations successives de l'immeuble jusqu'à nos jours.

Il serait donc oiseux de reparler encore, après ces Messieurs, de cette maison historique si elle n'avait pas servi de cadre à une amusante figure — peu connue, d'ailleurs — celle de dom Noël, du père Noël, comme on l'appelait familièrement, pendant les quinze années qu'il y vécut au milieu de ses instruments et de ses appareils scientifiques, de 1760 à 1775. Un type de savant bien xviiiᵉ siècle, ce père Noël ! On le dirait échappé d'une comédie de Regnard ou de Destouches. Merveilleux spécialiste en l'art de fabriquer des lunettes d'approche et des machines pneumatiques, voire même des fusils à vent, il fut très médiocre religieux et encore plus médiocre administrateur — les semonces que lui adressait journellement M. de Marigny, touchant ses gaspillages budgétaires, et que possèdent les Archives Nationales, en font foi.

Extrêmement susceptible d'ailleurs, il se plaignait sans cesse de tout et de tous ; mais ce dont il enragea toute sa vie, ce fut de n'être pris au sérieux par personne, pas même par ses subordonnés, qui ne manquèrent jamais l'occasion de lui susciter des embarras. Heureusement Louis XV tenait beaucoup à son démonstrateur, qui l'aidait à se distraire de son incurable ennui lorsqu'il séjournait à la Muette ; de sorte qu'à l'abri de cette souveraine protection, le père Noël put toujours s'agiter à loisir ; il n'en coûtait jamais que vingt et quelques mille

MADAME GRAND.
Tableau de Mme Vigée-Lebrun.

livres annuellement au Trésor pour la satisfaction du caprice royal.

Lorsque le père Noël commença à travailler pour le compte de Sa Majesté, en 1750, il menait une existence heureuse et paisible à l'abbaye de Saint-Germain-des-Prés. Très versé dans l'étude de la physique et des arts mécaniques, il s'était mis un beau jour à fabriquer lui-même des instruments de précision. Sa réputation avait bientôt franchi les murs de la communauté et comme les sciences physiques avaient alors la vogue, que tout le monde voulait posséder quelque bibelot de laboratoire, les commandes avaient afflué chez l'habile praticien ; « on n'eût pas été bien venu à Versailles ou à Paris si on n'avait pas eu dans sa poche un instrument de la façon du père Noël ».

Pendant ce temps notre moine, installé dans un pavillon de l'enclos du couvent, qui lui servait d'atelier, travaillait pour sa clientèle ; ce qui ne l'empêchait pas de poursuivre avec une persévérance inlassable la construction d'un énorme télescope de huit pieds de long et de vingt-deux pouces de diamètre — une merveille pour l'époque — destiné, dans la pensée de son inventeur, à révolutionner le monde des astronomes. C'était le dada du père Noël, ce télescope ! Il devait en rêver la nuit. Aussi tout ce que lui rapportaient ses travaux passait en dépenses pour la construction du fameux télescope... et bien au delà ! Et les bons religieux de l'abbaye Saint-Germain-des-Prés-lès-Paris voyaient sans plaisir leur frère s'endetter chaque jour davantage dans son trop grand amour pour la science céleste.

On peut s'imaginer d'après cela avec quelle joie furent accueillies les commandes du Roi. Au reste l'heure de la grande notoriété allait bientôt sonner pour le bénédictin. Louis XV possédait dans un des pavillons du château de la Muette un embryon de cabinet de physique dirigé précédemment par un Mongol. Pourquoi ne pas charger le père Noël de reconstituer ce cabinet ? L'idée sourit au prince. Mme de Pompadour l'appuya ; même, elle obtint une pension de 6.000 livres sur l'abbaye de Clermaret pour couvrir les plus gros frais ; et Soufflot, se mettant de la partie en zélé courtisan, proposa d'élever un pavillon spécial au bout du jardin des Bains pour loger le télescope du père ; cela coûterait tout au plus 1.500 livres, on utiliserait la charpente du pavillon qui l'abritait à l'abbaye.

Ainsi dit, ainsi fait. Il fut décidé en outre que le père Noël pour concilier sa vie monastique avec ses nouvelles fonctions continuerait à demeurer en l'abbaye de Saint-Germain-des-Prés, mais qu'il se rendrait chaque jour, en voiture à deux chevaux — car la distance était grande et les moyens de locomotion faisaient totalement défaut alors, — à la Muette ; il y prendrait ses repas et aurait sous ses ordres un concierge, un ouvrier pour les réparations et le polissage des cuivres, un domestique et un élève — tout un petit personnel administratif.

Bien des gens se seraient estimés satisfaits d'une pareille situation, le père Noël ne s'en arrangea point, lui, et bientôt commença la litanie de ses doléances. Doléances pour se plaindre de son couvent qui lésinait sur la nourriture des chevaux destinés au service de la Muette, et finalement ne lui donnait qu'une haridelle vieille et fourbue. Doléances pour regretter que le concierge et le domestique attachés au Cabinet de physique ne fussent pas autorisés à porter la livrée royale comme le jardinier et le pompier du château, « ce qui faisait que les seigneurs de la suite de Sa Majesté ne manquaient pas à chaque voyage de demander qui étaient ces gens-là ».

Enfin doléances pour obtenir qu'on lui remboursât ses avances relatives à sa nourriture à la Muette, à ses achats et à ses frais de fabrication d'appareils ; car le seul argent liquide que possédât notre religieux provenait du produit de la vente de ses instruments au dehors, et sur cet argent il lui fallait prélever la pension de sa vieille mère retirée dans un couvent.

A tant de doléances Louis XV ne trouva qu'un moyen de couper court : ce fut de délivrer au père Noël le brevet de « garde et démonstrateur de son cabinet de physique et d'optique », autrement dit, de lui reconnaître un poste officiel qui lui permît d'émarger régulièrement au budget de la Couronne. Cette reconnaissance eut lieu en 1760. Voilà notre bénédictin devenu fonctionnaire !

Dès lors, le père Noël quitte son abbaye pour se fixer complètement à la Muette. Il emporte avec lui tous ses appareils, y compris le fameux télescope toujours inachevé, dont, entre parenthèses, les moines de Saint-Germain-des-Prés n'ont pas voulu, et il en fait hommage au roi, qui lui en assure, en retour, la jouissance sa vie durant. On achète pour le loger, lui et ses instruments, la maison Feydière attenant à la porte royale de la Muette et communiquant par une porte basse avec le petit jardin fermé du château ; on y crée une galerie de 45 pieds de long ; on meuble le tout un peu avec l'ancien mobilier du bon père, beaucoup avec celui de l'ancien cabinet de physique. On augmente le personnel : il y a maintenant quatre élèves et de nombreux ouvriers. Sur son habit de livrée — la livrée royale — le concierge Mingault étale un galon d'argent plus large de quelques lignes que celui du jardinier du château — grand triomphe ! Enfin le précieux télescope est installé confortablement dans un pavillon spécial au bout du jardin des Bains, et le père Noël obtient que son frère « qui n'est pas dans une fortune aisée » — selon ses propres expressions — en aura la surveillance exclusive.

J'allais oublier un détail : le brevet de garde et démonstrateur une fois signé par le roi, M. de Saint-Florentin, qui avait, comme secrétaire d'Etat, le département de la Maison du roi, l'avait fait remettre à dom Noël, estimant que la haute direction du cabinet de physique ressortissait de son administration ; mais cela ne fut pas du goût du nouveau démonstrateur qui s'en plaignit à Mme de Pompadour et s'agita tant et si bien auprès de sa protectrice qu'elle fit rattacher le cabinet de physique de la Muette au département de M. de Marigny, directeur et ordonnateur des Bâtiments et Jardins du roi, mais, avant tout, frère de la toute-puissante marquise.

Cette fois, penserez-vous, le Révérend dut être au comble de ses vœux. Erreur, grave erreur : jamais il ne fut moins satisfait. Il y avait à peine trois ans que le cabinet de physique fonctionnait avec sa nouvelle organisation rue de Passy, que déjà le malheureux savant se débattait dans le guêpier des complications administratives. D'abord si le cabinet fonctionnait, le légendaire télescope ne fonctionnait toujours pas. Il était presque achevé ; cependant il y manquait encore le dernier coup de fion, et lorsque M. de Marigny en faisait doucement l'observation à l'inventeur, celui-ci se rebiffait défiant tous les connaisseurs de l'Europe de trouver à redire à son chef-d'œuvre et rejetant les retards sur l'obligation, où il s'était vu réduit, de licencier la majeure partie de ses ouvriers, faute de fonds suffisants pour les payer.

Mais c'était le moindre de ses soucis. Son concierge Mingault, avec qui il était à présent à couteaux tirés, lui jouait les pires tours, comme par exemple de refuser l'entrée du cabinet de physique au comte de la Vieuxville. Le père Noël avait dû se confondre en excuses. Un de ses élèves Libère l'espionnait et le dénonçait en haut lieu pour des affaires de rien... M. Coustou se permettait de pénétrer dans le sanctuaire où reposait le télescope, sans même l'en avoir avisé... Le portier du Bois de Boulogne, Boudin, refusait, sur l'ordre de M. de Beringhen, gouverneur du Bois et capitaine des chasses, de laisser passer par la grille la voiture pleine de sable et de plâtre dont il avait besoin pour ses expériences... Dom Noël croyait s'apercevoir que des vols étaient commis dans le cabinet de physique et, furieux, il flanquait à la porte tous ses domestiques à la fois... Le garde-meuble lui réclamait, un beau matin, tous les meubles qui avaient fait partie jadis de l'ancien cabinet de physique, avant l'achat de la maison Feydière, et entre autres, une merveilleuse pendule de Lepaute, destinée au Cabinet du roi. Que de pas et de démarches il avait fallu faire pour empêcher qu'on ne les enlevât de force ! Ajoutez à cela toujours le manque de fonds et toujours les réprimandes de M. de Marigny, qui chatouillaient si désagréablement l'épiderme du bonhomme qu'en mai 1763, recevant la visite du prince de Jablonski, le père Noël prétendait n'oser pas faire devant lui ses expériences accoutumées, parce que M. de Marigny ne l'y avait pas spécialement autorisé.

Pourtant, en dépit de toutes les histoires qui couraient sur le compte de l'infortuné démonstrateur et contribuaient à le ridiculiser, son cabinet était vraiment une des curiosités du temps. Les savants s'y réunissaient fréquemment, notamment en 1769, MM. de Fourchy, Bailly et Doré de l'Académie des sciences, à l'occasion du passage de Vénus sur le disque du soleil. Lorsque le roi séjournait à la Muette, sa première visite était toujours pour le cabinet de physique. Les princes s'y intéressaient également : en 1771 Mme la comtesse de Provence s'y rendait accompagnée du nonce et de Mgr l'archevêque de Paris. Gens de la Cour et de la ville, nobles, étrangers, personne n'allait se promener au Bois de Boulogne sans entrer en passant chez le père Noël, voir ses belles machines électriques et pneumatiques, ses beaux instruments d'anatomie tout reluisants derrière leurs vitrines.

Et le fameux télescope, que devenait-il au milieu de tout cela ? Il s'achevait... lentement. Il ne fut complètement terminé, prêt à paraître sous les yeux du roi, qu'en l'an de grâce 1771. Mais alors le savant, radieux, exultant de joie, fit savoir à Sa Majesté « qu'il avait observé la lune et vu des choses si singulières et si détaillées qu'il pensait qu'on n'avait jamais pu l'observer avec autant d'avantages ». Aussi priait-il humblement Sa Majesté de venir l'observer elle-même. Après le roi, quinze membres de l'Académie des sciences expérimentèrent l'instrument qui sortit victorieux de cette redoutable épreuve. N'était-ce pas la réponse la plus triomphante que pût faire le digne religieux aux malveillants dénigreurs du grand télescope ?

... Des années passèrent ; Louis XV finit par mourir et le père Noël par vieillir ; mais, avant la mort de son souverain, il était survenu un incident cocasse dans l'existence de notre héros. Il avait perdu, prétendait-il, au cours de ses travaux scientifiques, l'habitude des pratiques religieuses ; sa conscience le lui reprochait sans doute, le souvenir de ses vœux monastiques l'importunait peut-être aussi ; et puis il y avait la préoccupation de retomber un jour ou l'autre sous l'autorité « tracassière » — le mot est de lui — des bénédictins de Saint-Germain-des-Prés. Toujours est-il qu'il supplia le roi de lui faire obtenir en cour de Rome un bref de sécularisation. Louis XV, qui ne savait rien refuser à son vieux protégé, fit faire par son ministre à Rome des démarches nécessaires auprès du Saint-Père et le bref fut obtenu. Il n'y eut plus qu'à le faire entériner devant le Parlement. Les bénédictins firent opposition surtout pour le principe, car j'imagine que le cas du père Noël devait les laisser au fond très indifférents. Enfin notre savant eut la satisfaction de n'être plus, à soixante ans passés, que l'abbé Noël, tout simplement.

Mais nous voici arrivés aux années de déchéance. Avec le nouveau roi Louis XVI les économies sont à l'ordre du jour, et, pour commencer, on réduit à 6.000 livres — juste de moitié — le traitement du garde et démonstrateur du cabinet de physique de la Muette. Furieux, l'abbé se déclare incapable de continuer à remplir ses fonctions avec un budget aussi restreint, et, comme M. d'Angivilliers n'a pas pour lui l'indulgente faiblesse de M. de Marigny, il s'en va, sans qu'on le retienne, bouder à Clamart en ayant soin d'emporter avec lui le quart de cercle, le microscope et le grand miroir de son grand télescope, afin que personne ne puisse s'en servir en son absence.

Cependant l'orage s'apaisa et le père reprit son poste, mais pas pour bien longtemps : on n'avait guère tardé à s'apercevoir qu'après vingt-cinq ans de loyaux services, il commençait à baisser sérieusement, on lui avait pourtant adjoint deux démonstrateurs particuliers dont l'un, l'abbé Rochon, devait lui succéder bientôt. La question de sa retraite fut agitée en haut lieu et elle ne tarda pas à être résolue, bien que le départ du bonhomme soulevât une question assez délicate, la question du grand télescope si intimement lié à toute son existence.

On n'a pas oublié que notre savant avait fait don en 1760 dudit télescope et de plusieurs autres instruments, lui appartenant, au roi, et que le roi, en reconnaissance de sa générosité, lui en avait garanti la jouissance sa vie durant. Alors s'il quittait le cabinet de physique pour prendre sa retraite, il était incontestable qu'il avait le droit d'emporter le télescope avec lui partout

VUE DU CHATEAU DE NEUILLY (RÉSIDENCE DE LOUIS-PHILIPPE.
Tableau de H. SEBRON. (Musée de Versailles.)

où il irait. Il l'emporta donc à Montrouge, où il ne tarda pas à mourir en février 1783.

Aussitôt la Couronne s'empressa de faire apposer les scellés chez le défunt pour rentrer en possession des objets lui appartenant et dont le père Noël avait l'usufruit, savoir : 1º le grand télescope ; 2º une pendule à carillon de serinette ; 3º un autre télescope newtonien ; 4º une lunette de nuit d'Angleterre ; 5º une longue-vue commandée jadis par le duc de Penthièvre ; 6º une autre pour Choisy, et encore quelques autres objets de moindre importance.

Le grand télescope réintégra donc à cette date son pavillon de la Muette. Ce ne devait pas être son dernier voyage : cinq ans plus tard on le transportait à l'Observatoire avec tous les instruments du cabinet de physique, ce qui fait qu'en quarante ans il eut à subir quatre déménagements — pour un télescope cela doit constituer un record ! Quant au père Noël, n'est-on pas tenté de regretter, pour la science et pour lui-même, qu'il ne soit pas demeuré tranquillement à travailler à ses appareils de physique dans son modeste pavillon de l'abbaye de Saint-Germain-des-Prés-lès-Paris. Il y aurait probablement mené une vie plus heureuse que dans ses fonctions de garde et démonstrateur du cabinet de physique du roi Louis XV à la Muette ; s'il en a jamais eu conscience, peut-être a-t-il soupiré en se remémorant les vers de Racine :

> Heureux qui, satisfait de son humble fortune,
> Libre du joug superbe où je suis attaché
> Meurt dans l'état obscur où les dieux l'ont caché.

OUVRAGES CONSULTÉS POUR CET ARTICLE

Documents provenant des Archives Nationales : O^1 1581. — Mémoires du duc de Croy.

MADAME GRAND

CHATELAINE DE NEUILLY

MICHEL ADANSON.
D'après le portrait gravé par AMBROISE TARDIEU.

MADAME GRAND
CHATELAINE DE NEUILLY

Avant que le souvenir du château de Neuilly ne sombre, comme le domaine lui-même, dans le néant du passé, il est intéressant de rappeler les moindres événements se rattachant à l'histoire de notre pays, dont il a été le muet témoin.

Je veux en retenir un, bizarre, énigmatique entre tous, qui a défrayé longuement, à l'époque du Consulat, les conversations malicieuses — pour ne pas dire méchantes — de la haute société parisienne. Il s'agit du contrat de mariage de Charles-Maurice Talleyrand, alors ministre des Relations extérieures de la République française, avec Mme Grand, née Catherine Noël Worlée, qui fut passé le 9 septembre 1802 au château de Neuilly devant Me Lecerf, notaire, en présence de Bonaparte, de Joséphine, de Cambacérès, de Lebrun, de Moret et des frères du ministre : Archambault et Boson de Périgord, lesquels tous signèrent au contrat.

Mme Grand, originaire des Indes, où son père, chevalier de Saint-Louis, était attaché au port de Pondichéry, femme séparée, puis divorcée, d'un M. Grand, employé de « l'Indian Civil Service » à Calcutta — la séparation eut lieu à la suite d'une escapade avec Sir Philipp Francis, l'auteur présumé des spirituelles « Lettres de Junius », le divorce fut prononcé en 1798 seulement — était pour lors la maîtresse officielle du citoyen Talleyrand.

Le contrat de mariage fut signé à Neuilly parce que c'était la résidence d'été du ministre ; il avait loué le château aux financiers Delannoy et Vanlerberghe, qui en étaient propriétaires depuis la Révolution.

La maison était grande ouverte aux intimes, parmi lesquels figuraient en première ligne la duchesse de Luynes, la princesse de Vaudemont, la vicomtesse de Laval, la marquise Aimée de Coigny, le duc de Choiseul, le prince de Nassau, le bailli de Ferrette, MM. de Narbonne, de Montrond, de Flahaut, de la Vaupalière, comte de Gaucourt, Radix de Sainte-Foy, etc… — ce dernier revenait en invité dans le château de Neuilly, dont il avait été jadis propriétaire. Tous ces aimables « rescapés » du cataclysme révolutionnaire faisaient une petite cour de bon ton à l'ancien évêque d'Autun qui aimait s'entourer de gens du monde, capables de goûter, puis de colporter, ses mots d'esprit aux quatre coins de la capitale.

La société arrivait généralement vers trois heures à Neuilly. On jouait au billard, on se promenait dans le parc en attendant le maître de maison qui rejoignait ses invités un peu avant l'heure du dîner. Durant le repas servi à la grecque, des parfums brûlaient dans des cassolettes d'argent ; puis, après que des nymphes à noms mythologiques avaient versé aux convives le café fumant dans des aiguières d'or, on passait au salon, où s'organisaient des parties de creps et de whist, coupées d'intermèdes où on applaudissait Garat dans ses romances et Vestris dans ses danses russes.

Talleyrand se retirait pendant une heure ou deux au cours de la soirée pour travailler, à moins qu'il n'eût à se rendre aux Tuileries ou à la Malmaison auprès de Bonaparte. Plus tard, il rentrait dans le salon, risquait quelques coups de creps, s'installait, s'il en avait le temps, à une table de whist, et dans ces réunions de Neuilly il se révélait aussi délicieux causeur intime qu'il demeurait distant et fermé dans ses réceptions de l'hôtel de Galiffet, rue du Bac, lorsqu'à demi couché sur un long canapé, il daignait se soulever, seulement, pour saluer celles des dames qui « avaient, avant la Révolution, marché sur le parquet... même en y glissant ».

Mais quelle figure faisait Mme Grand aux côtés du ministre, dans ce cénacle de gens d'esprit ? Hélas, bien piètre figure, la pauvre femme ! car elle était sotte, « sotte à impatienter », s'il faut en croire Mme d'Abrantès ; « sotte à l'excès », écrit le baron Thiébault ; « d'une sottise avérée éclatante », rapporte Touchard-Lafosse ; « d'une inépuisable sottise », renchérit Mme de Rémusat ; « la belle et la bête ensemble », conclut le baron de Frénilly. D'ailleurs les amis de Talleyrand la traitaient comme une personne sans conséquence ; on lui donnait souvent le loisir de la réflexion, en restant des soirées entières sans lui parler.

Elle-même avait pris le parti de se taire et elle faisait bien ; car lorsqu'elle ouvrait la bouche, c'était pour lâcher quelque forte balourdise dans le genre de celle-ci : Népomucène Lemercier lisait un jour dans le salon de Neuilly une de ses soporifiques tragédies, qu'on écoutait en étouffant des bâillements discrets. Il expliquait :

— La scène est à Lyon.

A ces mots, Mme Grand se lève brusquement et s'adressant à Talleyrand :

— Vous voyez, mon ami, dit-elle, que j'avais raison. Vous vouliez que ce fût la Saône !

Il faut dire qu'en passant à Lyon, peu de temps auparavant, elle avait demandé le nom de la rivière qui coulait devant elle :

— La Saône, lui avait-on répondu.

— La Saône ?... Quelle différence bizarre de prononciation ! A Paris, on dit la Seine, avait-elle eu soin de faire remarquer.

... Et cette autre gaffe : prenant Denon l'égyptologue pour l'auteur de Robinson Crusoë et lui parlant de Vendredi... Et l'histoire de sa « croix pectorale », le bijou préféré de son mari ... Et sa réponse « Je suis d'Inde », à des gens qui la questionnaient sur son pays d'origine. On lui en a beaucoup prêté qu'elle n'a certainement jamais dit, mais son nom était devenu une rubrique pour les « pataquès » en circulation.

Physiquement Mme Grand qui, vers 1787, avait été une beauté céleste, avec des dents éblouissantes, un teint de lys, une forêt de cheveux blonds clair, qu'on n'avait vus qu'à elle — le beau Dillon en savait quelque chose — de grands yeux noirs ouverts et caressants et un drôle de nez, délicieusement retroussé, au temps, où, rue du Sentier, elle recevait en fourreau de taffetas blanc bordé d'une frange de soie rose (réception et toilette aux frais de Lessart), n'était plus ni jeune, ni jolie en 1802, lorsqu'elle devint Mme Talleyrand. Elle frisait la quarantaine et il ne restait alors de cette langoureuse « Kat », à la taille élancée, avec je ne sais quoi de voluptueux dans la démarche, qu'un colosse de chair portant perruque et les yeux bordés de rouge.

Pourquoi donc alors Talleyrand l'épousa-t-il ? Epouser une vieille maîtresse qui avait été celle de Francis, de Lessart, de Frenilly, de Dillon, d'un officier de marine anglais Nath Betchier et de bien d'autres oubliés, l'épouser lorsque les traces de sa beauté étaient presque effacées, lorsqu'il ne lui restait plus qu'une sottise avérée, cela passait toute imagination. Désir peut-être de retrouver un peu de paix dans un intérieur dont il ne savait pas secouer les habitudes... ou bien profonde indifférence du qu'en dira-t-on... ou encore ascendant de l'importunité sur la faiblesse : Mme Grand n'alla-t-elle pas jusqu'à solliciter une audience du Premier Consul par l'entremise de Joséphine, à qui elle avait fait présent d'une charmante guenon ; et, Bonaparte, ému de ses larmes, pressé peut-être aussi d'y couper court, aurait conclu : « Eh bien ! que Talleyrand vous épouse et tout sera arrangé »... Il y eut de tout cela dans la décision de l'ancien évêque d'Autun sommé par son grand chef d'avoir à régulariser sa situation dans les huit jours. Ce qui faisait dire à Mme de Staël dans une lettre à Mme Récamier : Bonaparte veut que tout le monde se marie : évêques, cardinaux, etc... »

Mais, pourquoi ne pas admettre, avec M. de Reiset, qu'il y avait aussi un sentiment plus délicat, plus profond, plus tendre, éclos dans le cœur de Talleyrand au souvenir de la jolie idylle par où débutèrent leurs amours ?

On sait comment ils se lièrent. Mme Grand, retour d'Angleterre, où elle a émigré en 1792 après avoir vu égorger sous ses fenêtres à Paris le portier de sa maison, a été inquiétée par la police du Directoire. Elle ne sait à qui s'adresser pour échapper à la prison. Montrond ou Mme de Sainte-Croix lui ont conseillé d'aller voir le Ministre des Relations extérieures… Un soir que ce dernier vient de rentrer à l'hôtel du Ministère rue du Bac, le suisse Joris le prévient qu'une dame l'attend dans le salon. Il est onze heures. Ennuyé d'être dérangé à cette heure tardive, il entre de fort méchante humeur. Stupeur : la dame, lasse de l'attendre, s'est endormie dans son manteau à capuchon qui dissimule mal une toilette de bal. Soudain, réveil de la dormeuse, rougissante et confuse. L'apparition est exquise, Talleyrand a un éblouissement : c'est le coup de foudre ! Après avoir rassuré la solliciteuse, comme il se fait tard, il lui offre une chambre dans son hôtel, elle y déjeune le lendemain matin, elle y dîne le lendemain soir et finalement elle s'y installe pour n'en plus sortir. Talleyrand est si violemment épris de sa protégée qu'il risque pour elle sa situation politique et, par-dessus le marché, celle de Barras, qui la trouve mauvaise.

Telle a été cette liaison, bien vite connue de tout le monde, nettement affichée par Talleyrand et admise sans peine par une société qui « en avait vu bien d'autres ». Elle dura quatre ans, jusqu'au jour où, sous le Consulat, plusieurs femmes d'ambassadeurs, n'ayant pas su, au moment de se présenter chez le Ministre des Affaires extérieures, si elles devaient faire ou ne pas faire la révérence à Mme Grand, portèrent la question devant Bonaparte qui se résolut à la trancher en posant à son Ministre ce dilemme : « Epousez ou rompez ! »

Mais, pour que l'ancien évêque d'Autun pût décemment épouser, il fallait que le pape le relevât de ses vœux ecclésiastiques. Or, le Saint-Père lui avait bien concédé l'autorisation de rentrer dans la communion des laïques, mais point de rompre avec le vœu de célibat prononcé jadis en tant que clerc. Tant pis ! on fit semblant d'avoir mal compris l'autorisation donnée par Pie VII et un arrêté consulaire du 2 fructidor déclara que le bref papal, par lequel le citoyen Charles-Maurice de Talleyrand était rendu à la vie séculière et laïque, aurait son plein et entier effet ; autrement dit qu'il pourrait se marier. En conséquence, son mariage civil fut célébré le 23 fructidor, 10 septembre 1802, à la mairie du Xe arrondissement et eut pour témoins Roederer, l'amiral Bruix, Beurnonville, Radix de Sainte-Foy. Quant au mariage religieux, le chancelier Pasquier prétend qu'il y en eut un à Epinay, dans la vallée de Montmorency ; M. de Monville, ancien conseiller du Parlement de Paris, avait, paraît-il, négocié l'affaire avec le curé de la paroisse ; d'autres disent que la cérémonie se fit rue du Bac aux Missions Etrangères ; d'autres enfin, comme Lacombe, qu'il ne dut pas y en avoir du tout.

« *Courtalon* épouse ! » écrivait Lucien Bonaparte. Huit

jours après, Tayllerand présentait Mme Talleyrand à Mme Bonaparte et au Premier Consul. On connaît l'incident auquel cette présentation donna lieu.

« — J'espère que la bonne conduite de la citoyenne Talleyrand fera oublier les légèretés de Mme Grand ! » aurait dit le vainqueur de Marengo, parodiant, avec plus ou moins d'à-propos, le mot célèbre de Louis XII.

Et la dame de riposter inconsciemment, pour une fois, par un mot d'esprit... à la Talleyrand :

« — Je ne saurais mieux faire que de suivre à cet égard l'exemple de la citoyenne Bonaparte. »

Fureur du maître qui ne le lui pardonna jamais. « Il est de ces choses que l'on n'oublie pas. »

Lorsque la famille et les amis de Talleyrand connurent son mariage, ce fut un tollé général, une explosion d'indignation. Sa mère refusa de le recevoir, la duchesse de Luynes, la vicomtesse de Laval, Mme de Coigny, M. de Montrond jetèrent feu et flamme et reprochèrent violemment à M. de Narbonne, qui y avait assisté, de ne pas les avoir prévenus à temps... « Nous serions tous venus l'embrasser et lui demander de ne pas faire cette folie. »

« — Mais, je n'ai pas eu le temps ! se récriait M. de Narbonne. Songez que je n'ai eu que deux heures. »

Pour comble de scandale, ne voilà-t-il pas que M. Grand, l'ancien mari, oublié aux Indes, s'avisait, juste à ce moment, de débarquer à Paris ; de même, profitant de la paix d'Amiens, Sir Philipp Francis, le premier amant. Aussitôt, on expédie M. Grand au cap de Bonne-Espérance avec un poste au Conseil de Régence et 2.000 florins d'appointements. Quant à Sir Francis, on l'avise officieusement du départ de Madame pour la campagne. Ce qui n'a pas empêché la *Revue d'Edimbourg* de prétendre que Mme Grand s'était offert la fantaisie de réunir le même jour dans un dîner à Neuilly d'abord Sir Impey, le Président du Tribunal de Calcutta, qui jadis avait condamné Sir Philipp Francis à 50.000 roupies d'amende pour conversation criminelle avec la dame ; puis Sir Francis, en personne ; troisièmement, M. Grand, l'ex-époux ; enfin Talleyrand, le successeur. *Si non e vero, e bene trovato.*

Somme toute, le ménage Talleyrand fut un triste ménage. Pouvait-il en être autrement avec un mari qui disait de sa femme : « Je suis assailli partout de femmes spirituelles : la nullité de Mme Grand me repose », et avec une femme qui craignait son mari, mais ne l'aimait pas ; on a même prétendu qu'elle était méchante pour lui.

En 1809, Napoléon les ayant envoyés presque en disgrâce, tous les deux, à Valençay, faire les honneurs de leur château aux princes d'Espagne déchus du trône — et cela dans des termes moins que flatteurs pour la moralité de la princesse de Bénévent — cette dernière sembla vouloir donner pleinement raison à l'Empereur en se laissant courtiser par le duc de San Carlos, ancien gouverneur du roi Ferdinand VII et surtout par le chanoine Escorwitz, son ancien précepteur,... à tel point qu'on dut exiler de France gouverneur et précepteur et interdire à la princesse de reparaître à la cour. A ce propos, Goldsmith raconte que Napoléon faisant allusion plus tard devant Talleyrand aux histoires de sa femme avec les Espagnols, le Ministre lui répondit tout net :

« — Il ne faut pas parler des princes d'Espagne, Sire ; car cela ne contribue pas à la gloire de Votre Majesté... ni à la mienne. »

Après 1815, le ménage, qui ne battait plus que d'une aile, se disloqua complètement et on fit à ce sujet les vers suivants :

> Au diable soient les mœurs, disait Chateaubriand :
> Il faut auprès de moi que ma femme revienne.
> Je rends grâces aux mœurs, répliquait Talleyrand,
> Je puis enfin répudier la mienne.

Mme de Talleyrand, après leur séparation, demeura d'abord à Pont-de-Sains, où Millin de Grandmaison qui l'avait toujours défendue — parce qu'ayant la vue basse, il la prenait pour un antique, insinuait malignement la duchesse d'Abrantès — allait la consoler dans son isolement. Après un séjour en Belgique, elle vint en 1817 se fixer à Paris, rue de Lille. Dans son salon que fréquentaient quelques hommes célèbres, tels que Thomas Moore, Viennet, etc... elle s'évertuait à copier les réceptions de l'hôtel Talleyrand, où la duchesse de Dino la faisait facilement oublier.

Enfin elle s'éteignit le 7 décembre 1835 et lorsqu'on apprit l'événement au prince son époux, il se contenta de dire :

« — Ceci simplifie beaucoup ma position. »

Bien sèche oraison funèbre, sans un mot du cœur — étant donné l'homme, on devait s'y attendre ; — mais sans une pointe d'esprit : — de la part de Talleyrand, on pouvait espérer mieux.

OUVRAGES CONSULTÉS POUR CET ARTICLE

Mémoires du chancelier Pasquier. — Touchard-Lafosse : Histoire politique et vie intime de Ch.-M. de Talleyrand. — Mémoires de Mme de Rémusat. — Bernard de Lacombe : La vie privée de Talleyrand. — Duchesse d'Abrantès : Histoire des salons de Paris. — Laquiante : Un hiver à Paris sous le Consulat. — Baron Valentin de Vars : Les femmes de Talleyrand. — Amédée Pichot : Souvenirs intimes de Talleyrand. — Souvenirs du baron de Frenilly. — Villemarest : M. de Talleyrand. — Ch. Ioung : Lucien Bonaparte et ses mémoires. — Mémoires de la comtesse de Boigne. — Michaud : Histoire politique et privée de Ch.-Maurice de Talleyrand. — Chroniques de la duchesse de Dino. — Frédéric Lolliée : Talleyrand et la société française.

NOTRE-DAME-DES-ARTS

A NEUILLY

NOTRE-DAME-DES-ARTS

A NEUILLY

———

Le 26 février 1848 le château de Neuilly, propriété de l'ex-roi Louis-Philippe, était en flammes — grande apothéose révolutionnaire !

Lorsque le 27 on parvint à organiser un service d'ordre et à expulser les pillards et les incendiaires, l'œuvre d'extermination était accomplie : de cette splendide demeure, construite par d'Argenson, embellie par Murat et surtout par Louis-Philippe, il ne restait presque plus rien. Seule l'aile droite avait été épargnée par le feu, ainsi que le *petit château*, occupé habituellement par la duchesse d'Orléans. Dans cette aile droite Madame Adélaïde, sœur du roi, avait son appartement ; c'était la partie la plus ancienne du château, construite par l'architecte Fontaine.

Les années passèrent sur ces événements. On lotit l'ancien parc de Neuilly ; on y perça des avenues et des boulevards ; et finalement ce qui restait du château, l'aile de Madame Adélaïde, se trouva former le coin des boulevards d'Argenson et de la Saussaye. Puis en 1863 un pensionnat de jeunes filles, qui portait le nom singulier de Notre-Dame-des-Arts, vint un beau jour s'abattre, — joyeuse bande d'oiseaux parisiens — dans ce coin si plein de souvenirs.

Le local convenait à merveille pour y installer un pensionnat. Orné extérieurement d'une colonnade, de perrons avançants, d'un petit toit à la Mansard, et d'une superbe véranda, l'immeuble était divisé à l'intérieur en un grand couloir et en diverses pièces spacieuses, où Louis-Philippe avait naguère fixé son logement à côté de celui de sa sœur. De ces pièces il était facile de faire des classes, comme il était facile de faire des cours de récréation à l'ombre des derniers beaux arbres du parc — un joli cadre à tant de jeunesse !

Mais qu'était-ce au juste que cette institution de jeunes filles, mise sous le patronage de la Vierge, protectrice des arts ? — la formule était nouvelle d'ailleurs. En voici l'histoire :

Vers 1853 Mme la vicomtesse d'Anglars, née de Jaubert, qui appartenait à une très ancienne famille originaire de Lorraine, venait de perdre son mari et un enfant lorsqu'elle se rendit à Paris avec l'espoir de trouver quelque soulagement à son chagrin et à son isolement en consacrant son existence et sa fortune à des bonnes œuvres. Une fois à Paris, elle fit la connaissance de sœur Rosalie, la moderne patronne de Paris, l'admirable religieuse de Saint-Vincent de Paul, qui, en plein choléra, s'était prodiguée pour soigner les malheureux contagionnés, qui avait osé soustraire jadis aux recherches de la police de nombreux insurgés compromis dans l'affaire de Saint-

ÉLÈVES DE L'ÉCOLE DE MARS.
Lithographie de G. David.

Merry ; et qui avait fondé un asile de vieillards, — grande héroïne de charité, dont la popularité était immense et dont le Gouvernement avait reconnu le dévouement en la nommant chevalier de la Légion d'honneur.

Des entretiens de Mme d'Anglars avec sœur Rosalie naquit l'idée de Notre-Dame-des-Arts : Louis XIV avait créé l'institution des dames de Saint-Cyr afin de venir en aide à la petite noblesse de France, déchue de son ancienne splendeur et réduite à misérer dans ses châteaux lézardés, en élevant gratuitement les filles de ces nobles gueux. Ce que Louis XIV avait fait pour une caste privilégiée Mme d'Anglars allait le tenter pour une classe sociale qui depuis la Révolution a pris dans l'Etat une importance prépondérante, la classe des lettrés et des artistes, on dirait maintenant : des intellectuels. Cette ascension si rapide aux premiers rangs de la société ne s'est pas faite pour tous ces ouvriers de la pensée sans beaucoup de ruines et de déchéances. Lorsque savants, littérateurs, administrateurs, médecins, avocats, peintres, musiciens, sculpteurs, graveurs, architectes, parviennent à la notoriété, leur famille nécessairement bénéficie de leur élévation. Mais survienne la mort prématurée ou une infirmité ou quelque traîtrise de la fortune, qui atteigne le chef de famille et le terrasse, voilà tous les membres dans une détresse pire que la misère du prolétaire.

L'institution de Notre-Dame-des-Arts devait donc avoir pour but de procurer à des conditions de prix minimes, et gratuitement la plupart du temps (aidée de subventions de l'Etat, des villes, et des sociétés académiques), aux filles des hommes recommandables par leurs travaux l'éducation classique en même temps qu'une instruction professionnelle assez forte pour les mettre en mesure d'exercer un art utile en cas de revers de fortune. Cette instruction professionnelle devait comprendre spécialement les arts décoratifs ; le dessin d'ornement, appliqué aux travaux de broderie, de tapisserie ; la peinture céramique, la peinture sur verre, sur ivoire, l'huile, le pastel, l'aquarelle, la lithographie, la gravure, l'art des fleurs artificielles, la musique instrumentale, l'harmonie ; autrement dit, tout ce qui en 1855 — date où fut fondée Notre-Dame-des-Arts rue du Rocher à Paris — était du ressort des femmes ; car, à cette époque-là, elles étaient encore exclues de toute profession libérale, de toute administration, de toute situation vraiment rémunératrice.

Je ne m'attarderai pas à détailler l'organisation intérieure du nouveau pensionnat ; s'il existait encore, j'aurais l'air de lui faire de la réclame ; il n'existe plus et ces minutes rétrospectives n'intéressent plus personne. Je dirai simplement que Mme d'Anglars, désireuse de donner à son œuvre un caractère religieux, prit le voile sous le nom de Mère Marie-Joseph et groupa autour d'elle douze religieuses ; que le pensionnat, après des débuts un peu pénibles, prospéra si bien que la communauté fut autorisée et reconnue établissement d'utilité publique par décret impérial du 6 mars 1861, et que l'accroissement du nombre des élèves l'obligea en 1863 à émigrer de la rue du Rocher au boulevard d'Argenson à Neuilly.

Les élèves, toutes pensionnaires, pouvaient être prises à sept ans et terminer leurs études à seize ; puis de seize à dix-huit, il y avait un cours supérieur d'études pratiques.

On n'accusera pas les bonnes religieuses d'avoir élevé leurs jeunes filles dans des goûts de luxe et de coquetterie lorsqu'on saura que le trousseau se composait de 12 chemises de jour, 6 de nuit, 12 paires de manchettes, 12 cols unis, 6 jupons blancs, 6 pantalons blancs, 2 jupons noirs, 3 robes de laine noire, une rotonde noire, une seule robe de mousseline blanche pour les grandes cérémonies, 2 voiles de mousseline, 1 ceinture bleue et 2 tabliers noirs.

En revanche l'instruction était tout particulièrement soignée. Mgr Lyonnet, archevêque d'Albi, dirigeait l'éducation religieuse et il disait de Notre-Dame-des-Arts :

« — C'est un établissement à l'instar de l'ancien Saint-Cyr de Mme de Maintenon, d'Écouen, de la Légion d'honneur, de Saint-Denis ... C'est un Saint-Denis laïque ! »

Il y avait un conseil de perfectionnement des arts décoratifs qui comptait les plus hautes compétences en matières d'art industriel : M. Christofle, le grand bijoutier et ses collègues MM. Mellerio et Froment Meurice ; M. Poussielgue, éditeur de bronzes, M. Fourdinois pour l'ameublement.

Le conseil de perfectionnement des arts de musique était présidé par les maîtres Rossini et Auber. Rossini venait visiter Notre-Dame-des-Arts en voisin de campagne lorsqu'il villégiaturait dans sa propriété du Bois de Boulogne ; quant à Auber, il arrivait, tantôt à cheval tantôt dans sa victoria jaune, toujours souriant, toujours le mot d'esprit sur les lèvres, heureux d'obliger celles de ces demoiselles qui réclamaient quelque chose de sa complaisance.

Le fils de l'illustre Boieldieu enseignait l'harmonie et M{}^{lle} Grandperret, sœur du procureur général près la Cour Impériale, donnait des leçons de musique. Enfin Ernest Legouvé de l'Académie française avait la haute direction des études classiques.

Et elles étaient une moyenne de cent trente élèves les mignonnes pensionnaires qui recevaient cette éducation supérieure dans l'ancien château de Neuilly où elles s'épanouissaient, — véritables fleurs rares, — dans la serre élégante qui leur servait d'atelier puis s'ébattaient à travers les allées de ce parc le plus retiré du West-end parisien.

Les sévérités de l'internat n'empêchaient cependant pas les portes de Notre-Dame-des-Arts de s'ouvrir certains jours à deux battants pour laisser pénétrer un flot de société élégante qui venait prendre sa part des fêtes organisées par les élèves et pour les élèves. C'est ainsi qu'à un concert donné en 1869 le public nombreux, groupé sous la grande véranda transformée en salle de spectacle, applaudissait au talent de M{}^{me} Marie Lablache, de M{}^{me} de Caters et du prince Poniatowski ; et chaque année la distribution des prix revêtait un caractère de grande solennité de ce fait que deux des principaux prix étaient offerts par l'Empereur et par l'Impératrice.

Enfin, pour éviter que la vie de pension n'isolât les

MADAME DU BARRY.
Tableau de Degreuze. (Musée de Versailles.)

élèves du grand mouvement littéraire et artistique avec lequel il était nécessaire de les mettre constamment en contact, puisqu'elles devaient chercher un jour à s'y faire une place honorable, les directrices de Notre-Dame-des-Arts — combien intelligentes, modernes et larges d'esprit ! — permirent en 1869 qu'on fondât un magazine mensuel auquel collaborèrent quelques hautes personnalités littéraires, bienveillantes à l'œuvre, en même temps que quelques-unes des mieux douées parmi les élèves.

Le magazine prit le nom d'*Album de Notre-Dame-des-Arts*, et la partie réservée à la collaboration des élèves celui de *Cahier d'Honneur*.

Grâce à l'extrême amabilité de M. Circaud, qui a bien voulu me communiquer le recueil de cette publication rarissime pour l'année 1868-69, j'ai pu me bien pénétrer de l'esprit dans lequel elle fut rédigée et je n'hésite pas à affirmer que l'album de Notre-Dame-des-Arts a été le précurseur des « Annales politiques et littéraires », cette œuvre mondiale de M. et de Mme Brisson. J'y retrouve, abstraction faite des différences d'époque, d'ambiance, et de culture intellectuelle, beaucoup de points communs. Les causeries de Mme la marquise de L*** me rappellent celles du bonhomme Chrysale ou mieux de la cousine Yvonne. Même souci de l'actualité : Lamartine vient à mourir, on cite de lui des anecdotes et des mots historiques ; Rossini meurt, tous les détails de son enterrement sont rapportés fidèlement.

Il y a — toujours comme dans les Annales — des causeries scientifiques, de la critique d'art : le salon à vol d'oiseau ; un chapitre consacré, sous la rubrique linguistique, à des questions intéressantes de pédagogie et de grammaire. On y donne une conférence de M. Gidel, sur l'hôtel de Rambouillet, qu'il a faite au collège de France ; Emmanuel Gonzalès reconte son voyage en Norvège avec Louis Esnault ; Legouvé fait l'apologie du piano, et — surprise délicieuse — voici qu'au bas d'un très humoristique conte chinois le *Manteau*, je découvre la signature de la charmante et illustre fille de Théophile Gautier, qui depuis a égrené si délicieusement les perles de son collier de souvenirs.

L'album est illustré de nombreux dessins dus au crayon de Yan d'Argent, d'Edmond Morin, de Champin. Il y a des reproductions de tableaux de Frère, de Chaplin, de Gudin. Il y a surtout à la première page de l'album relié en bleu-paon une gracieuse composition. Au-dessous du titre en gros caractères, un groupe de jeunes filles s'occupe à modeler, à peindre, à lire, à graver, à jouer du violoncelle ; en haut de la page se déroule une banderole avec cette inscription fatidique : *Instruction, éducation, récréation*, et, dans un petit coin tout à fait en haut, derrière la banderole, une Sainte Famille paraît prendre un plaisir discret à contempler cet aimable ensemble.

Dans le cahier d'Honneur des élèves il y a des traductions de poésies étrangères, des récits historiques, des articles de critique littéraire, écrits dans un style agréable ; il y a aussi des descriptions et reproductions de travaux artistiques exécutés par les jeunes filles : un écran brodé, des fleurs en cheveux, un paon porte-journal, un vélocipède vide-poche — une nouveauté, s'il en fût.

Puis viennent des recettes de cuisine savoureuses : notamment une compote de marrons et une galette de carême, très appétissante en dépit de son orthodoxie. Enfin des morceaux de musique complètent le recueil. J'ai eu la curiosité de me faire jouer une *grande valse pour piano* composée par Mlle Marie Mounier, une élève. Ah ! la *Pluie de Perles !* Ah ! la valse de *Robin des Bois !* Ah ! les morceaux à difficultés, triomphes de nos mères ! vous avez tous repassé dans mon souvenir tandis que j'écoutais la valse de Mlle Mounier, et alors j'ai songé avec mélancolie que l'aimable jeune fille, si elle vit encore, doit être aujourd'hui pour le moins grand'mère. C'est la grande valse de la vie, celle-là !

L'album de Notre-Dame-des-Arts date de 1869. Un an après, c'était la guerre ! Que devint pendant le siège de Paris, pendant la Commune notre pensionnat de jeunes filles ? Les archives de la mairie de Neuilly sont muettes à cet égard.

Cependant, Notre-Dame-des-Arts existait encore en 1872 ; elle avait survécu à nos désastres ; mais elle n'avait plus qu'un atome de vie ; elle se mourait. En 1874, ce fut la fin ; la maison ferma ses portes faute d'élèves. Et c'était fatal ! L'idée qui avait présidé à sa création avait vieilli comme tout a vieilli si vite, institutions, choses et gens, durant l'année terrible.

Notre-Dame-des-Arts était d'*avant la guerre !* Elle se rattachait à une société disparue, balayée par la tourmente. Elle avait été une innovation à l'heure de sa création ; actuellement, ce n'était plus qu'un enfantillage. Il y avait eu là pourtant l'ébauche d'un joli geste d'émancipation féminine qu'il eût été dommage de laisser se perdre définitivement dans ce gouffre sans fond qui a nom l'oubli.

OUVRAGES CONSULTÉS POUR CET ARTICLE

De Malarce : Histoire, état et administration des Institutions sociales : La maison Notre-Dame-des-Arts. — Paris-Guide : L'art — Bulletin de la commission historique de Neuilly, 1907 : Causerie sur le mobilier du château de Neuilly ; communication de M. Marmottan. — Albert Soubies : Les membres de l'Académie des Beaux-Arts. — La Grande Encyclopédie. — L'album des arts, 1868-69. — Archives de la mairie de Neuilly.

LE NATURALISTE ADANSON

AUX TERNES

LE NATURALISTE ADANSON

AUX TERNES

Le quartier des Ternes, qui a été annexé à la ville de Paris en 1860, était, avant cette époque, un faubourg hors barrières dépendant de la commune de Neuilly. Mais, si nous remontons au XVIIIe siècle, nous trouvons qu'en ce temps-là ce n'était pas même un faubourg mais simplement un hameau de dix-huit feux piqué au milieu des champs et des vignes de la plaine Monceau. A part le village lui-même groupé autour de son château, on ne rencontrait guère, une fois dépassée la barrière du Roule, que quelques rares maisons échelonnées de loin en loin le long de l'ancienne route de Neuilly — actuellement l'avenue des Ternes.

Dans une de ces maisons des plus modestes, entourée d'un jardin et distante seulement de quelques toises de la barrière, demeurait pendant les années qui précédèrent la Révolution un personnage dont les habitudes extraordinaires intriguaient vivement ses voisins. Ainsi il cultivait dans son jardin des plantes qu'on n'avait jamais vues dans le pays ; il élevait des grenouilles qu'il baptisait de noms baroques et qui — fait incroyable — paraissaient le connaître ; durant des nuits entières une fenêtre de sa maison demeurait éclairée ; en revanche, le jour, sa porte restait obstinément close, défendue contre les indiscrets par une gouvernante, véritable cerbère en jupons. L'aspect de ce personnage peu sociable n'avait rien d'engageant. Petit, roux, sec, nerveux, avec des yeux gris d'une extraordinaire acuité, embusqués sous la broussaille de deux énormes sourcils ; front bas, sillonné de grosses veines ; large nez, grande bouche, voix mordante, geste coupant et saccadé, tel était le signalement de Michel Adanson, le plus grand naturaliste de son temps.

En dépit de son originalité et de son aspect rébarbatif, Michel Adanson devait avoir du cœur, car il avait des amis, de bons et fidèles amis ; et n'a pas d'amis qui ne sait pas aimer. L'un d'eux, le plus dévoué, était M. de Bombarde, introducteur des Ambassadeurs à la Cour de Louis XV, propriétaire pendant quelques années du château des Ternes. Il lui avait donné à maintes reprises des témoignages non équivoques de son amitié, notamment en lui fournissant l'argent nécessaire à la publication de ses livres ; car Adanson, en sa qualité de savant doublé d'un philosophe, n'avait jamais le sou. En outre il lui avait fait don de la petite maison qu'il habitait ainsi que du jardin où il cultivait cent trente espèces de mûriers. Qui donc oserait prétendre après cela que M. de Bombarde n'était pas un ami... rare ?

Pour Adanson son jardin c'était le paradis terrestre,

C'était aussi un puissant dérivatif à l'affreux chagrin qu'il avait éprouvé de la perte d'un fils mort, tout jeune, en 1784, victime, paraît-il, du surmenage intellectuel auquel son père l'avait très inconsciemment soumis. Que de reproches cet homme n'avait-il pas dû se faire ? Sans compter que sa douleur avait été ravivée par la mort d'un second enfant né après la perte du premier, et par celle de sa femme Jeanne Béraud.

Lorsqu'on allait surprendre le naturaliste dans sa thébaïde des Ternes, on le trouvait le plus souvent assis par terre dans son jardin, se traînant sur ses fonds de culottes d'une plante à l'autre afin de pouvoir les observer de plus près. Ainsi un jour que son élève Joyand était venu le voir, il lui avait tendu ses mains pleines de terre en s'écriant : — « Non indecoro pulvere sordidum ». Traduction libre : Elles sont sales, mais cette saleté-là n'est pas malpropre !

Aussi quel ne fut pas son désespoir lorsqu'en 1792 des individus ceinturés d'écharpes tricolores vinrent, un beau matin, l'expulser au nom de la loi de sa maison et saccager sous ses yeux, comme à plaisir, son jardin, — ses amours — et ses chères plantes... tout cela parce que son petit domaine, ayant fait partie jadis d'une terre qui appartenait à des génofévains ; M. de Bombarde, en l'achetant pour le lui donner, ayant négligé de remplir certaines formalités requises pour rendre l'acquisition inattaquable, l'acte se trouvait nul et l'Etat confisquait ledit domaine comme bien du clergé.

Adanson avait, à cette époque, soixante-cinq ans, il était né le 7 avril 1727 à Aix-en-Provence. Son père, écuyer de Mgr de Vintimille, archevêque d'Aix, avait suivi le prélat lorsqu'il avait été nommé à Paris et s'était logé avec sa femme et ses cinq enfants dans la première cour de l'archevêché. Grâce à la protection de Monseigneur, lui, Michel, le troisième enfant, fut gratifié à l'âge de sept ans d'un canonicat à Champeaux en Brie, qui servit à payer sa pension au collège du Plessis ; on le destinait à l'Église. Or il arriva que le célèbre observateur anglais Tuberville Nedham, visitant un jour le collège du Plessis, fut tellement frappé de la façon extrêmement brillante dont le jeune Adanson répondait aux colles qu'on lui posait, qu'il lui offrit un microscope en témoignage de son admiration, et lui dit : « — Vous qui êtes si avancé dans l'étude des ouvrages des hommes, vous êtes digne de connaître les œuvres de la nature. »

Les paroles du savant anglais venaient de décider de l'avenir d'Adanson ; seulement sa vocation religieuse venait de sombrer du même coup...

Après avoir étudié l'histoire naturelle, au sortir du collège, dans les cabinets de Réaumur et de Jussieu, notre jeune homme s'enflamme d'une telle passion pour cette science qu'il décide d'aller naturaliser ici près... au Sénégal, parce qu'à l'entendre, « c'est de tous les établissements européens le plus difficile à pénétrer, le plus chaud, le plus malsain, le plus dangereux à tous les autres égards, et, par conséquent, le moins connu des naturalistes ». Le voilà donc parti, à vingt ans, au petit bonheur, avec une recommandation de David, le directeur de la Compagnie des Indes, qui lui a obtenu une place dans les comptoirs de la concession ainsi que le passage libre sur le premier bâtiment en partance.

Cinq années de séjour là-bas lui permirent d'enrichir ses collections d'un nombre prodigieux d'êtres et de plantes inconnus, de lever une carte du pays, d'en étudier les ressources, les produits, la faune, les mœurs, et enfin de revenir en France avec un gros bagage scientifique, avec une santé délabrée, et avec l'espoir — ô naïf jeune homme ! — que cette épreuve allait le classer d'emblée parmi les premiers naturalistes de son pays.

Seulement son gousset était si léger d'argent que sans M. de Bombarde, sa providence, qui lui fournit les fonds nécessaires pour publier son « Histoire du Sénégal » et plus tard sa « Méthode nouvelle pour apprendre à connaître les différentes familles des plantes », il n'eût jamais pu révéler au public ses intéressants travaux. Un détail curieux à signaler à propos de sa publication des « Familles des plantes », détail qui peint bien l'extraordinaire originalité de cet esprit mégalomane, ses tendances de réformiste outrancier, jointes à son absence complète de sens pratique : Adanson s'était senti pris à cette époque d'un zèle d'apôtre pour la réforme de l'orthographe, il préconisait l'orthographe phonétique, c'était un précurseur ! Il n'hésita donc pas dans son nouveau livre à appliquer ses projets de réforme, remplaçant les q par des k, retranchant l'h du th ou ph, écrivant home avec un seul m, botanike avec un k, Orfée avec un f, Omère et Esiode sans h, ouvraje avec un j, au lieu d'un g. On imagine l'explosion que sa tentative, plutôt hardie, souleva dans le monde savant où ses théories scientifiques, également audacieuses, étaient d'ailleurs très ardemment battues en brèche. Ses collègues de l'Académie des Sciences, tout en l'admirant, s'effrayaient de l'amplitude et de l'audace de ses conceptions ; ce qui ne les avait pas empêchés de l'élire membre de leur compagnie en 1759. Il n'avait alors que trente ans, se flattait de n'avoir adopté ni patron ni modèle, et était arrivé à imposer quand même sa personnalité dans les milieux savants. Peu à peu la notoriété était venue ; Louis XV avait confié à Adanson la direction de son jardin botanique de Trianon avec le titre de « Naturaliste du Roi » et une pension de 2.000 livres ; l'impératrice de Russie et le roi d'Espagne lui avaient fait les offres les plus flatteuses pour l'attirer à leur Cour, sans y réussir d'ailleurs. Enfin en 1761 lord Noth avait fait auprès de lui des démarches pressantes pour obtenir qu'il cédât à l'Angleterre une copie de ses cartes sur les productions du Sénégal ; à quoi il avait répondu fièrement :

« — Mes travaux appartiennent d'abord à mon pays. »

Tel était l'homme dont les dehors âpres et l'orgueil intransigeant — il s'estimait plus fort qu'Aristote — cachaient un fond d'extrême sensibilité : ne l'avait-on pas vu pleurer en écoutant la musique de Gluck ? Sophie Arnould prétendait même qu'il s'était, à l'occasion, révélé de complexion fort amoureuse, « cet homme le plus scientifique et le plus profond qui fût jamais » — selon les expressions mêmes de la malicieuse actrice, — « qui avait mendié les regards d'une belle impure nommée la Dervieu et tourné le fuseau presque à ses pieds ».

Or nous savons que la Dervieu épousa Belanger, l'architecte de Bagatelle, et nous allons voir tout à l'heure

LES MONTAGNES RUSSES DU JARDIN DE TIVOLI.
Lithographie de C. de Last.

comment, en 1797, ledit Belanger vint noblement en aide à notre naturaliste dans la misère. Il y fut sans doute encouragé par sa femme qui, devenue Mme Belanger, se souvenait des passions que la Dervieu avait inspirées.

Nous voici revenus au moment où notre héros, déjà septuagénaire, après avoir assisté au saccage de son jardin, était mis légalement à la porte de sa maison des Ternes. Qu'allait-il devenir ? Plus de pension servie par Louis XV et Louis XVI au naturaliste du Roi, ni au savant par l'Académie, Bombarde était mort, et la vieille cigale n'avait rien mis de côté pour le temps où viendrait la bise.

Le bonhomme s'en fut se réfugier dans un triste rez-de-chaussée de la rue Chantereine — la rue Vivienne actuelle. Il y serait probablement mort de faim, de froid et surtout de désespoir, pendant les longues nuits d'hiver sans feu et sans lumière, s'il n'avait eu près de lui un véritable ange gardien dans la personne de sa gouvernante, Anne-Marguerite Roux, dite Gottron, qui était à son service depuis 1783.

Quoi de plus profondément pitoyable que l'énergie désespérée de cette femme employant ses nuits — le jour, elle se consacrait à son maître — à des travaux de couture pour les vendre et, avec le prix, acheter du café et du sucre — combien cher, en pleine Terreur ! — parce que le café au lait était le seul grand régal du pauvre homme. Et encore quoi de plus naïvement touchant que le mari de Gottron, domestique lui-même en Picardie, envoyant toutes les semaines du pain, de la viande, des légumes, et, en plus, ses gages pour aider le ménage à vivre ; puis bientôt venant rejoindre sa femme auprès d'Adanson et partager à trois l'indigence du vieillard !

La Terreur une fois passée, la réaction thermidorienne ramena un peu de calme dans le pays, mais elle ne ramena pas, hélas ! l'aisance au foyer du naturaliste. Pour continuer, ce fut la misère, toujours la misère.

Un de ses amis a conté qu'étant venu le voir un soir tard dans son rez-de-chaussée de la rue Chantereine, il le trouva devant sa cheminée le corps courbé, la tête baissée jusqu'à terre, les deux pieds posés l'un sur l'autre, écrivant sur ce pupitre improvisé à la lueur d'un méchant tison. Son dénuement était tel que lorsqu'en 1798 l'Institut reconstitué invita Adanson à venir prendre sa place parmi ses membres, l'illustre miséreux répondit simplement :

« — J'irais bien, mais je n'ai pas de souliers pour m'y rendre. »

C'est à cette époque que se place l'affectueuse intervention de Belanger auprès du ministre François de Neufchateau pour lui obtenir un secours ; « il est sans vêtements, sans bois et sans courage, pour en demander », spécifiait la pressante supplique de l'architecte.

Aussitôt François de Neufchateau se hâta de secourir Adanson et, non seulement de le secourir, mais de l'honorer, en faisant placer dans une salle de l'Institut son buste que l'ami Belanger avait fait sculpter à ses frais par Bouilliet. Seulement un secours de ministre, ce n'est jamais le Pérou. Adanson continua à vivoter péniblement et à vieillir jusqu'au commencement de 1806, où la malchance voulut qu'il se fracturât le fémur en circulant dans son cabinet, et cela sans avoir fait aucun effort. On appela un chirurgien, on lui fit des opérations ; peine inutile, le mal alla en empirant tandis que la note du chirurgien allait montant. Et le pauvre naturaliste n'avait plus rien pour la payer. Heureusement l'Empereur apprit sa misère ; il fit porter chez le vieillard une bourse de mille écus.

Aussitôt Gottron, la brave gouvernante, jugea qu'il était de son devoir, puisque son maître n'avait plus la force d'écrire, de prendre sa plus belle plume pour remercier elle-même de son mieux Sa Majesté. J'ai trouvé la lettre si naïvement touchante que je n'ai pu résister au désir de la citer en entier :

« Sire, notre reconnaissance doit être à votre égard
« aussi active que vos bienfaits. Que Votre Majesté per-
« mette que son fidèle sujet mon maître et sa gouvernante
« Gottron vous remercient d'avoir rappelé à la vie un
« aussi brave homme. M. le maréchal Durocq nous a
« remis de votre part 3.000 francs, que nous employons
« utilement pour soulager la vie de notre bon maître,
« M. Adanson. »

Le secours de l'Empereur venait malheureusement trop tard ; Adanson mourut quelques jours après, en disant à sa bonne :

« — Adieu, l'immortalité n'est pas de ce monde. »

Et dans une jolie pensée de reconnaissance pour cette science qui avait été sa plus fidèle maîtresse et la grande consolation de sa vie, il demanda dans son testament qu'une guirlande de fleurs prises dans les cinquante-huit familles qu'il avait établies, fût la seule décoration de son cercueil.

DOCUMENTS CONSULTÉS POUR CET ARTICLE

L. Joyand : Notice sur la vie de Michel Adanson. — Cuvier : Éloges historiques. — Didot : Nouvelle biographie générale. — Abbé Bellanger : Histoire de Neuilly et des Ternes. — De Goncourt : Sophie Arnould. — Hamy : Un égyptologue oublié. — Pizzetta : Galerie des naturalistes. — Bibliothèque de la ville de Paris : Papiers manuscrits de Belanger, architecte.

L'ÉCOLE DE MARS

L'ÉCOLE DE MARS

Dans les derniers jours de juin 1794, les habitants de Neuilly furent vivement intéressés par les travaux que la Convention faisait faire dans la plaine des Sablons tout contre la Porte Maillot. On construisait des hangars le long du mur du Bois de Boulogne, et, un peu plus loin, des baraques en planches, on montait des tentes, on dressait des kilomètres de palissades peintes en bleu, blanc et rouge ; et, au bout de quelques jours, un camp se dressait exactement sur l'emplacement occupé aujourd'hui par le rond-point de la Porte Maillot, les rues de Chartres, de Sablonville et l'avenue de Neuilly jusqu'au delà de la place du Marché. C'était le camp destiné aux élèves de l'école de Mars ; cette école venait d'être créée par un décret de la Convention du 13 prairial, an II, dans le but de « montrer que la Révolution est à l'esprit humain, ce que le soleil d'Afrique est à la végétation » ou, pour parler plus clairement, dans le but de former une pépinière de jeunes officiers imbus d'un esprit nouveau, nettement démocratique et révolutionnaire.

Les braves habitants de Neuilly se réjouissaient à la

pensée que l'école de Mars apporterait quelque animation dans leur coin de banlieue ; ils se trompaient étrangement, car, à part la sortie journalière des élèves pour se rendre à la Seine prendre leur bain froid, jamais on ne les voyait, internés jalousement qu'ils étaient derrière les hautes palissades tricolores.

En revanche, le camp gênait énormément la circulation entre Neuilly et Paris : comme il englobait une partie de l'avenue, les Neuilléens, pour se rendre dans la capitale, étaient contraints de faire un grand détour par les Ternes. Et encore, il ne fallait pas trop s'approcher des palissades, fût-on même père ou mère d'élèves, sous peine de s'entendre brutalement invité à passer au large par des invalides qui avaient leur corps de garde dans une maison de la Porte Maillot.

Le public ne put donc assister que de loin le 20 messidor an II (8 juillet 1794) à l'arrivée sensationnelle des élèves recrutés dans tous les coins de la France, les uns costumés en gardes nationaux, les autres à la mode de leur province — la plupart étaient fils d'artisans et de cultivateurs.

Plus favorisés que le public de l'an II, nous allons, en dépit de la consigne, pénétrer dans le camp à la suite des derniers arrivants et voir comment on s'y prit pour discipliner tous ces gamins de seize ans.

D'abord, ils défilèrent au son d'une musique guerrière devant le général commandant l'école, le brave Bertèche — vulgo Labretèche — devenu légendaire depuis qu'il avait reçu à Jemmapes quarante coups de sabre en sauvant la vie du général Beurnonville. Ce bon type de culotte de peau était plus brave pour se battre à la hussarde que pour éduquer trois mille cinq cents drôles. Heureusement que la Convention lui avait adjoint un de ses membres les plus intelligents, mais gourmé et hautain, le citoyen Peyssard, qui savait comment il faut parler à la jeunesse pour s'en faire obéir et avait plus de malice dans le bout de son petit doigt que le brave guerrier dans toute sa personne.

On les conduisit ensuite devant le commissaire des guerres Collet dont les bureaux étaient installés dans une baraque à l'intérieur du Bois de Boulogne, on y accédait du camp par une porte ouverte dans le mur du parc, qui s'appelait la Porte Rouge. Là, invités à se déshabiller et à lui remettre l'argent qu'ils avaient sur eux, en échange d'un reçu en bonne forme, les élèves touchèrent un bonnet de police, une blouse de coutil blanc nommé sarrau, un pantalon et un gilet de velours, en attendant que fussent prêts les étonnants uniformes mi-romains, mi-écossais, que David avait dessinés pour eux : tunique à la polonaise, ornée de nids d'hirondelles en guise d'épaulettes, et de brandebourgs ; gilet à châle ; fichu à la Colin, comme cravate ; pantalon collant pénétrant dans des demi-guêtres de toile noire ; shako empanaché ; sabre à la romaine et giberne... à la corse — était-ce un pressentiment ? Une transformation plus douloureuse les attendait : un perruquier de Neuilly fut requis pour tondre à la Titus à un pouce de la peau, toutes ces têtes brunes et blondes, sans pitié pour les catogans et les frisures chères aux mamans. La toilette terminée, on les groupa par décuries, fractions de dix hommes ; dix décuries formèrent une centurie ; dix centuries, une millerie — à l'instar de l'armée romaine.

Il y eut un contingent affecté à l'infanterie, fusiliers et piquiers, un autre à la cavalerie, un troisième à l'artillerie, qui avait ses canons, ses bombardes et ses obusiers, offerts par la Convention.

La vie au camp était en somme fort dure, les gamins couchaient sous la tente ; à cinq heures du matin un coup de canon les réveillait en douceur, roulement de tambours, tantara de trompettes... tout le monde debout !

En place pour l'exercice — sans rien dans l'estomac — jusqu'à neuf heures. La soupe à midi ; de la viande seulement deux fois par décade, par exemple, des légumes secs, en veux-tu, en voilà ; bien juste une livre et demie de pain par homme pour toute la journée, et, comme boisson, de l'eau coupée de vinaigre ou de réglisse — un régime pas même de Romains... de Spartiates ! Souper à cinq heures et à sept heures et demie du soir coup de canon pour l'extinction des feux.

En dehors des exercices, on cherchait à instruire ces jeunes citoyens dans les sciences se rattachant à l'art de la guerre, quoique bon nombre d'entre eux ne sussent ni lire ni écrire. On chargeait le chimiste Bigot Charmoy de leur faire des cours sur la tannerie, les mines, le salpêtre et la poudre ; l'économiste Hassenfratz de leur parler de l'agriculture et de la nourriture des citoyens français et le médecin Chaussier de les entretenir de la santé des troupes ainsi que des moyens de la conserver. Ces cours se faisaient dans une grande baraque, la salle d'honneur du camp, où avaient également lieu les communications officielles aux élèves faites par le commandant de l'école et son inséparable Peyssard, le conventionnel, auxquels venait fréquemment se joindre Lebas, l'ami de Robespierre, qui était très populaire à l'école.

Entre les deux portes de la baraque, à l'intérieur, s'élevait la tribune d'honneur, flanquée des bustes de Bara et Viala et surmontée d'une énorme statue de la Liberté ; le reste de la salle était disposé en amphithéâtre pour les élèves avec une loge pour la musique en face de la tribune d'honneur.

C'est là que Peyssard, dans des discours d'une violence voulue, s'efforçait d'exalter, chez ces jeunes gens, le plus ardent sans-culottisme, en leur dénonçant les crimes des aristocrates, les lâchetés des fédéralistes, allant même jusqu'à leur monter l'imagination, en les terrorisant par le récit de soi-disant complots ourdis contre leur camp par les ennemis de la République. Robespierre, au moment où on leur distribuait leurs fameux costumes verts, noirs, bruns, gris, grotesques de couleurs et de coupe, fournis par les drapiers des Halles — ce qui les faisait comparer à l'armée turque — venait lui-même s'assurer de leurs dispositions patriotiques ; et, pour développer en eux les instincts sanguinaires, un de leurs instructeurs les excitait à injurier de malheureux prisonniers entassés dans une charrette qu'on amenait de Normandie pour être traduits devant le Tribunal révolutionnaire. Aussi, dans le public, était-on convaincu que Robespierre recruterait bientôt sa garde prétorienne parmi ces petits jacobins.

Quant à l'ordre et à la discipline qui régnaient à l'intérieur du camp, il faut bien le dire, ce chapitre laissait particulièrement à désirer. Nos jeunes gens grimpaient volontiers sur les palissades pour se moquer des braves invalides de service à la porte, ou bien ils s'esquivaient le soir par la barrière qui regardait Neuilly. Gamelles, bidons, fusils, baïonnettes, tout était détérioré, mal tenu, rouillé, perdu ; on faisait de la fantaisie dans la tenue, les sentinelles s'endormaient à leur poste ; jusqu'aux instructeurs qui ne se gênaient pas pour sauter le mur et s'en aller faire la bombe avec leurs subordonnés.

Cependant vingt jours se sont écoulés depuis que l'école est ouverte. Nous sommes au soir du 9 thermidor ; il fait nuit noire, la pluie tombe. Au camp, la retraite est sonnée, tout dort. Seules, les sentinelles écoutent, anxieuses, d'étranges rumeurs qui viennent de Paris, là-bas, derrière la butte de l'Etoile : la voix lugubre du tocsin, le grondement sourd du canon d'alarme, les roulements lointains du tambour. Soudain, grand brouhaha à la porte du camp : une troupe apparaît que précèdent des torches, ce sont les députés Bréval et Bentabolle. Ils se font reconnaître ; ils entrent. Aussitôt, sur leur ordre, on bat la générale, en un clin d'œil les tentes sont abattues, ployées et rangées sur le front de bandière derrière les trois milleries et la centurie de piquiers formées en bataillon carré. On a allumé d'énormes tas de paille qui éclairent fantastiquement ce groupement d'hommes massés dans l'ombre ; la flamme fait étinceler l'acier des canons de fusils et met sur les visages comme des reflets de sang.

Alors, les deux députés haranguent les élèves : la Convention est menacée par la faction de Robespierre; il faut la sauver; il faut mettre un terme aux crimes du tyran, l'arrêter et arrêter du même coup tous ses complices.

Or, le général Labretèche en est un ; Labretèche doit être arrêté !

Aussitôt des cris éclatent dans les rangs : Vive la Convention ! Mort à Labretèche !

Et les plus exaltés font mine de se précipiter aux barrières pour prendre le général vivant ; ils parlent de lui couper la tête tout simplement.

D'un mot, Peyssard les calme : « Il est déjà arrêté » !

C'est lui-même qui a ordonné l'arrestation. La peur d'être compromis comme terroriste l'a décidé à donner des gages aux Thermidoriens, et quels meilleurs gages avoir à offrir que l'emprisonnement de son collaborateur ? Il a bien fait d'ailleurs, car l'école, protégée par Lebas, Fréron et Carrier, est tenue en suspicion par les vainqueurs de demain — le bruit court même qu'un des « hors la loi », Lebas, s'est réfugié dans le camp. Il faut qu'il ne plane aucun doute sur le loyalisme des pupilles de la République.

En ce moment, un arrêté de Carnot, appelant « les jeunes patriotes du camp des Sablons » au secours de la Convention, parvient à Neuilly.

Toute l'école prend aussitôt, en pleine nuit, la route de Paris avec ses armes et ses canons. On n'a ni boulets pour mettre dans les pièces, ni cartouches pour charger les fusils, ni même de poudre, qu'importe !

« — Il ne nous faut que des baïonnettes » ! s'écrient les élèves électrisés.

Et, sous le commandement du milleron Devaux, les voilà qui suivent l'avenue de Neuilly, descendent les Champs-Elysées, occupent le jardin des Tuileries et campent en face du château, leur droite du côté de la rivière, l'artillerie en arrière des lignes dans la grande allée — comme il sied à une figurante... muette.

Bientôt Peyssard, qui est allé protester devant la Convention de la fidélité de l'école de Mars, a obtenu qu'elle fût admise aux honneurs de la séance. Pour défiler, en avant ! Tambours, clairons, musique, battant, sonnant, jouant, la petite armée s'ébranle et pénètre dans la salle des Machines du château des Tuileries devenue la salle des séances de la Convention. On acclame les jeunes patriotes sur tous les bancs de l'Assemblée. L'un d'eux adresse un discours au Président... l'émotion voile sa voix, on ne l'entend pas... Peyssard est obligé de lire le discours à sa place. Ça ne fait rien, l'écolier de Mars reçoit l'accolade du Président. Quel honneur pour l'école ! Puis les élèves rejoignent leur campement dans le jardin des Tuileries, où ils peuvent, pour se distraire jusqu'au matin, arracher quelques-unes des pommes de terre nationales que la Convention fait cultiver le long de la grande allée pour l'édification du peuple souverain.

Le jour se lève enfin pâle et pluvieux. On apprend que les « hors la loi » sont prisonniers à l'hôtel de ville ; Robespierre a la mâchoire fracassée d'un coup de pistolet, Lebas s'est tué, le triomphe de la Convention est assuré, les jeunes Marsiens n'ont donc qu'à rentrer au camp des Sablons, on n'a plus besoin d'eux. Seulement, comme ils ont faim, on leur distribue du saucisson pour leur premier déjeuner.

L'affolement de cette terrible nuit une fois apaisé, les thermidoriens, à la réflexion, ont trouvé que toute cette jeunesse, élevée à l'école de Robespierre et de Lebas, avait fait preuve d'une ardeur bien batailleuse ; c'est un peu effrayant pour l'avenir. Sans compter qu'elle est nombreuse et armée. Alors, ils ont demandé, par la voix de Tallien, l'épuration d'un certain nombre d'instructeurs connus pour leurs opinions jacobines et ils ont proposé qu'on retirât aux artilleurs leurs canons, leurs obusiers et leurs mortiers. Ils l'auraient obtenu sans l'intervention de Peyssard, toujours sur la brèche pour défendre sa chère école. Il a objecté que l'artillerie n'était nullement dangereuse puisqu'on n'avait pas de projectiles pour charger les pièces et il a obtenu gain de cause ; néanmoins toutes les inquiétudes n'ont pas été dissipées.

Après Thermidor, l'existence recommença plus monotone que jamais au camp des Sablons. De loin en loin pourtant, un incident obligeait les élèves, toujours jalousement internés derrière leurs palissades tricolores, à se mêler à la vie nationale. C'était le 19 août à l'occasion de l'incendie qui éclata dans la raffinerie de Salpêtre de l'abbaye de Saint-Germain-des-Prés ; le 31 août pour l'effroyable explosion de la poudrière de Grenelle ; la commotion fut si forte qu'ils crurent que leur camp sautait. Leur conduite courageuse dans ces deux circonstances leur valut les éloges de la Convention. On les vit encore figurer avec leurs uniformes d'opérette-bouffe à la cérémonie de la translation des cendres de Marat au

Panthéon ; l'uniforme ne déparait pas le cortège. Superbes à l'aller, le retour fut moins digne ; il y avait du désordre et du débraillé. Le commandant Chanez, qui avait remplacé Bretèche à la tête de l'école, eut lieu d'être mécontent. J'oubliais de mentionner que le 10 août on leur avait fait exécuter, en l'honneur de l'anniversaire de la chute de la royauté, un simulacre de combat aux Sablons. Six mannequins, représentant les six puissances étrangères coalisées contre la France : Angleterre, Autriche, Prusse, Rome, Sardaigne, Espagne, furent pris après une charge générale, amenés au pied de l'arbre de la Liberté au milieu du camp et brûlés sur un bûcher patriotique aux cris de : « Périssent les despotes et les dictateurs ».

Cependant les pauvres petits reclus commençaient à se plaindre très haut du régime de séquestration et de portions congrues auquel la nation les soumettait ; on décida, pour les calmer, de leur faire faire un déplacement d'automne à la plaine des Grésillons, aux Carrières sous Poissy. Ce déplacement eut lieu le 5 octobre et dura dix jours. Il ne donna pas les résultats qu'on espérait, les élèves étaient tellement dégoûtés du service qu'à une revue passée là-bas par Chanez, ils manœuvrèrent en dépit du bon sens, égarant leurs fusils, perdant des baïonnettes ; bref, ce fut lamentable !

Le 21 octobre, l'école de Mars parut, pour la dernière fois de sa courte existence, dans la fête solennelle des Victoires organisée au Champ-de-Mars pour célébrer l'évacuation du territoire de la République par les armées ennemies. Il y eut l'attaque d'une forteresse et sa prise

MUSARD
CONDUISANT L'ORCHESTRE DES CONCERTS DE LA RUE VIVIENNE (1838).
Statuette en terre cuite, par DANTAN. (*Musée Carnavalet.*)

d'assaut par les élèves. Une partie de la cavalerie de l'école avait les couleurs de l'ennemi et chargeait l'autre. Elle fut repoussée, naturellement, et bientôt le drapeau tricolore flotta sur le fort à la place des enseignes blanches puis il sauta pour finir, et ce ne fut pas sans quelques horions reçus dans l'ardeur du combat. On remarqua que dans cette petite guerre les représentants Merlin de Thionville et Michaud servaient comme de simples aides de camp volontaires, aux acclamations joyeuses des jeunes combattants.

Cette cérémonie très réussie fut le chant du cygne de l'école de Mars.

Les thermidoriens, inquiets de sa proximité de Paris, voyaient arriver sans regret l'époque fixée pour son licenciement. Seul, le représentant Peyssard ne pouvait pas se résoudre à la disparition de cette institution qui était sa raison d'être, à lui ! Quelque temps auparavant, il avait tenté de provoquer chez les jeunes gens une manifestation en faveur de la prolongation de leur séjour au camp jusqu'à l'époque de la conscription et il avait cherché à faire vibrer en eux la corde patriotique. Peine inutile : un seul cri lui avait répondu : « Dans nos foyers ! » On voit d'ici la colère du conventionnel agitant frénétiquement sa sonnette et faisant battre les tambours pour couvrir les voix des protestataires, puis s'écriant :

— « S'il y a de mauvais citoyens dans cette salle, qu'ils se montrent ! »

Pour toute réponse, nouveau cri unanime de : « Dans nos foyers » !

Il était inutile d'insister, les gamins avaient le droit

pour eux : un décret du 1ᵉʳ juin avait fixé la levée du camp à la mauvaise saison et l'on commençait à avoir grand froid sous les tentes. Peyssard essaya encore de tourner la difficulté : il les prit à part, un par un, pour les catéchiser ; rien n'y fit, la presque unanimité ne céda ni aux promesses ni aux menaces, les rares qui calèrent furent conspués de la belle manière par leurs camarades.

Force fut donc de lire aux élèves, le 24 octobre 1794, le décret de licenciement de l'école. « Vivent les vacances, finie l'odieuse réclusion ! »

Les dernières dispositions du décret portaient :

La Convention Nationale déclare qu'elle est satisfaite de la conduite des élèves de l'école de Mars — pas difficile, la Convention ! — et de leurs progrès dans les différents genres d'instructions qui leur ont été donnés, ainsi que du zèle des instructeurs et agents qui ont concouru à former cet établissement. Parbleu, le camp était pour ces derniers une grasse sinécure ; ils y coulaient la vie très douce, je n'en veux pour preuve que les douze douzaines de serviettes réquisitionnées pour le service particulier de Messieurs les Instructeurs.

A partir du 26, le départ s'effectua par détachements ; chacun reçut une solde de route d'une livre quinze sous par jour de marche de cinq heures ; ce n'était pas de quoi voyager en grands seigneurs, mais enfin c'était la liberté !

Lorsque les instructeurs eurent quitté le camp à leur tour, on démolit la belle palissade tricolore qui avait tant piqué au début la curiosité des habitants de Neuilly, l'avenue fut rendue à la circulation et les baraquements, les écuries, les hangars furent entourés d'une clôture provisoire en attendant qu'on trouvât à les vendre comme bois de démolition.

Et les élèves que devinrent-ils ensuite ? Un peu toute espèce de choses ; quatre d'entre eux s'engagèrent tout de suite dans un régiment : dix-sept entrèrent à l'école d'artillerie de Meudon, vingt à l'école d'aérostation, sept à l'école polytechnique.

Quatre devinrent plus tard généraux : Manhès, Lemarrois, Moriot, Lafaille, mais sous l'Empire on ne se vantait pas d'avoir fait partie de l'école de Mars, c'était une mauvaise note... de jacobinisme. D'autres comme Apffel firent leur carrière dans la magistrature, d'autres comme Soulard dans les finances ; l'un d'eux, Valentin, fut journaliste et garde national en 1830 ; enfin il en est un, Bénazet, qui, devenu banquier, mérite de retenir notre attention parce qu'une fantaisie bizarre de la destinée devait le ramener, trente-six ans après sa sortie de l'école de Mars, à Neuilly, tout proche de l'endroit où, gamin, il avait bivouaqué sous la tente, mais cette fois pour demeurer dans une exquise villa. Alors que vers 1830 il était fermier des jeux de Paris, propriétaire de cette terrible roulette qui rapportait régulièrement chaque année au Trésor six millions cinq cent mille francs avec ses huit maisons (deux rue Richelieu, quatre au Palais-Royal, une rue du Bac et une rue Marivaux) il avait acheté à M. Lacan la Folie-Saint-James de Neuilly, cette somptueuse maison de campagne créée par le caprice orgueilleux de Baudard, le trésorier général de la marine sous Louis XVI, et il en était demeuré propriétaire jusqu'à sa mort en 1851.

Lorsque les jeux furent interdits en France en 1837, Bénazet se transporta de l'autre côté du Rhin à Bade, avec ses tables de roulette, ses râteaux, et ses croupiers ; le succès de son établissement devint mondial et Alfred de Musset, dont la statue s'élève précisément aujourd'hui sur l'emplacement même de l'école de Mars, l'a immortalisé dans ces vers d'un charme ironique et berceur :

> Les croupiers nasillards chevrotent en cadence
> Au son des instruments leurs mots mystérieux
> Tout est joie et chansons ; la roulette commence,
> Ils lui donnent le branle, ils la mettent en danse,
> Et, ratissant gaiement l'or qui scintille aux yeux,
> Ils jardinent ainsi sur un rythme joyeux.

Que Musset n'a-t-il chanté aussi les beaux jours de l'école de Mars, sa statue au rond-point de la Porte-Maillot aurait encore mieux sa raison d'être.

OUVRAGES CONSULTÉS POUR CET ARTICLE

A. Chuquet : L'École de Mars. — Hyacinthe Langlois : Souvenirs d'un élève de l'École de Mars. — Charavay, Guillaume. Félix Bouvière : dans la Revue de la Révolution Française. — Adjudant Lecoq : Journal d'un grenadier de la Garde. — De Baillache : L'école militaire et le Champ-de-Mars. — Registres du conseil municipal de Neuilly. — Archives de la Seine. — Abbé Bouillet : La Folie-Saint-James.

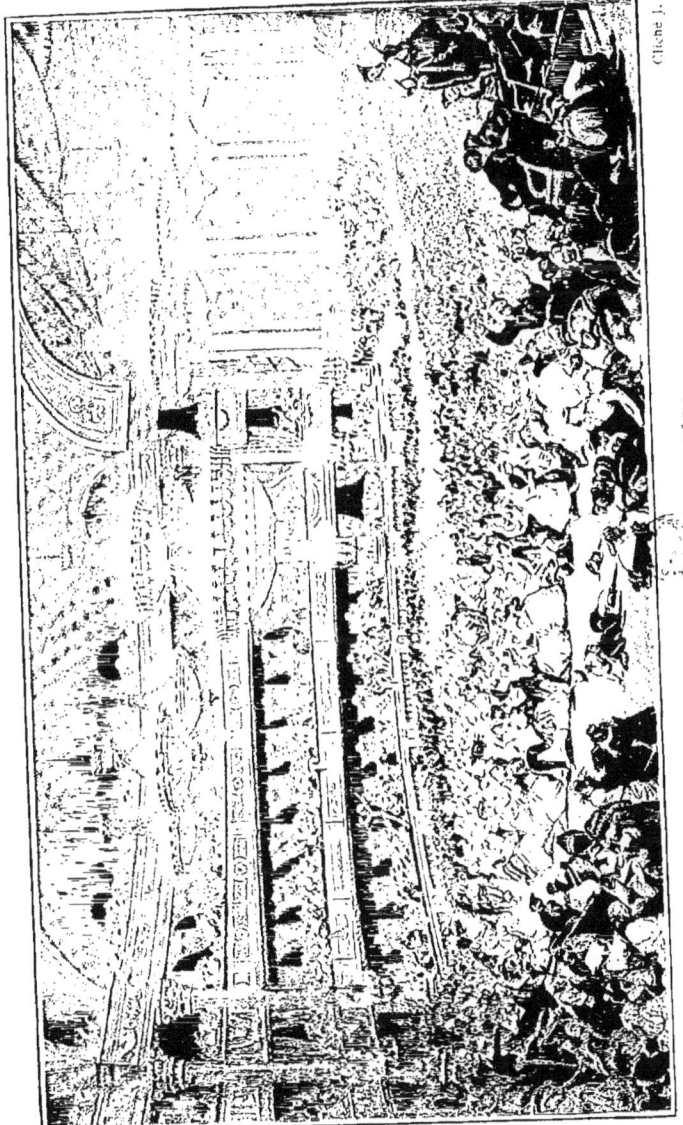

UN BAL MASQUÉ A L'OPÉRA.
Dessin d'Eugène Lami (1842).

RADIX DE SAINTE-FOY

TRÉSORIER DU COMTE D'ARTOIS

RADIX DE SAINTE-FOY

TRÉSORIER DU COMTE D'ARTOIS

Il y avait, à la fin du XVIIIe siècle, à la cour et à la ville, une curieuse galerie de personnages de second plan qui menaient une existence mouvementée, souvent même problématique, dans le sillage des grands seigneurs, leurs patrons. Ils avaient une mentalité tellement spéciale qu'on est embarrassé pour formuler sur leur compte une opinion bien nette ; c'étaient, assurément, de braves et dignes gentilshommes — du moins, ils avaient la prétention de l'être — pourtant, ils agissaient parfois de si étrange façon qu'un croquant n'eût pas fait pire. Il est vrai que la morale d'alors était si différente de celle que nous nous piquons d'observer aujourd'hui !

Dans cette galerie mérite de figurer en bonne place Claude-Pierre-Maximilien Radix de Sainte-Foy, qui fut propriétaire du château de Neuilly pendant vingt-six ans, de 1766 à 1792, qui vécut soixante-treize ans, de 1737 à 1810, connut l'ancien régime, la Révolution, le Consulat, l'Empire, comparut un nombre respectable de fois devant les magistrats de son pays et eut, durant sa longue existence, le loisir de tout faire, hors celui de s'ennuyer.

... Nous sommes en 1768, à Versailles, dans la chambre à manger de Lebel, premier valet de chambre de Sa Majesté Louis XV. La pièce est contiguë aux appartements du Roi ; même, il y a, dissimulée dans la muraille, une fenêtre secrète qui permet au Roi de voir, sans être vu, ce qui se passe chez son valet de chambre. Or, ce soir-là, Lebel reçoit joyeuse compagnie : plusieurs femmes galantes, clientes ordinaires de la présidente Brissault — la maîtresse-procureuse de Messieurs les Roués — et un seul invité homme, Radix de Sainte-Foy, actuellement trésorier général de la Marine. Parmi les dames, la maîtresse de Sainte-Foy, Mlle Lange, qui a été lancée naguère par le chevalier Du Barry, est assise auprès de lui. Elle est, tout simplement, délicieuse, cette demoiselle Lange, que le prince de Ligne a dépeinte : « grande, bien faite, blonde à ravir avec le front dégagé ». Aussi, tandis que la compagnie galante soupe joyeusement au champagne, Louis le Bien-Aimé, posté derrière sa fenêtre secrète pour tromper son incurable ennui en épiant les plaisirs des autres, se sent soudain enflammé d'un amour tellement fou, tellement violent, tellement sénile pour la jolie soupeuse, qu'il décide sur-le-champ d'en faire sa maîtresse. Pauvre Radix de Sainte-Foy, le voilà mis à la retraite d'office !

Heureusement que le galant trésorier, aimable, spirituel, obligeant, et riche — ce qui ne gâte rien — ne sera pas en peine de placer ailleurs ses amours ; Mlle Lange n'a pas été sa première liaison, elle ne doit pas être, non plus, sa dernière. Dans tous les cas, une fois devenue Mme du Barry, elle usera toujours de son crédit auprès du Roi en faveur de son ancien amant et c'est certainement à elle qu'il devra sa nomination en 1774 au poste de ministre plénipotentiaire près du prince des Deux-Ponts aux appointements de 15.000 livres, ainsi que le remboursement d'une pension de 12.000 livres, dont il continuera quand même à toucher le montant, d'ailleurs.

J'ai dit que Mlle Lange n'avait pas été la première liaison du jeune châtelain de Neuilly ; il s'en faut de beaucoup. Ce fils d'un bourgeois de Paris, payeur de rentes à l'Hôtel de Ville enrichi dans des spéculations, à fait de bonne heure la fête avec les danseuses de l'Opéra, comme Mlle Vestris ; avec les courtisanes haut cotées, telle que Mlle Sémonville ; et surtout avec une demoiselle Courcy, qu'il avait mise dans ses meubles rue Pavée Saint-Sauveur, en lui permettant de prendre son nom, ce qui était, on l'avouera, une singulière façon d'honorer ceux de qui il le tenait.

Mlle Lange ne fut pas, non plus, la dernière liaison de Sainte-Foy, car un rapport du policier Marais nous le montre, en 1771, soupant rue Blanche en compagnie des ducs de Lauzun, de Fronsac, de Conflans, de Fitz-James, du marquis de Clermont, du comte de Coigny, et, durant le souper, se vantant d'avoir offert plus de six mille livres de rentes à un peintre qui avait une fille ravissante, pour que celui-ci la lui livrât... sans conditions. Enfin, si nous négligeons de mentionner les fréquentes passades — c'était le mot consacré alors — de notre roué avec des professionnelles du libertinage, force nous est de rappeler ses amours avec la duchesse de Mazarin, née d'Aumont. Cette dame était connue pour avoir une existence très mouvementée, puisque, lorsqu'elle fut mourante, en février 1781, la Correspondance secrète disait : « Elle n'est que dans sa quarante-deuxième année, mais, en bonne conscience, elle en a vécu quatre-vingt-quatre. » Leur liaison dura plus de huit ans. Sainte-Foy, dont les capacités et le sérieux en affaires étaient notoires, avait pris en main les intérêts de son amie, depuis longtemps en fort mauvais état, et il avait réussi à y remettre un peu d'ordre. D'ailleurs il était tellement de la maison qu'un mauvais plaisant avait profité de l'occasion du mariage projeté entre la fille de la duchesse de Mazarin et le fils du duc d'Aiguillon pour faire imprimer et distribuer un billet ainsi conçu :

« M. l'archevêque de Lyon (Monseigneur de Montazet, qui avait été le premier amant de la duchesse) et M. Radix de Sainte-Foy sont venus vous faire part du mariage de Mlle d'Aumont (Mlle de Mazarin) leur fille et belle-fille, avec M. le duc d'Aiguillon... »

Pourquoi a-t-il fallu que la rage d'avoir la taille fine mît au tombeau la belle duchesse de Mazarin ? Car c'est parce qu'elle fit un usage excessif de ces moules contre nature qu'on nomme « corps », en un mot, parce qu'elle se serra trop, que ses viscères comprimés s'atrophièrent au point de la faire passer de vie à trépas. *Et nunc intelligite !...*

Sa dernière pensée fut une pensée d'amour à l'adresse de son cher Sainte-Foy ; elle souhaita que ce volage ne l'oubliât pas trop vite ; à cet effet, elle lui laissa un souvenir princier de sa tendresse sous forme d'un legs de cent mille écus ; ce qui ne fit pas rire les nombreux créanciers de la dame et faillit donner lieu à un procès avec le légataire. Ceci se passait en 1781. Or, il semblerait que ce legs de la duchesse fut pour notre héros comme le cadeau d'une mauvaise fée, car de cette époque-là date l'ère de ses tribulations.

Jusqu'alors ses jours avaient été tissés d'or et de soie. Destiné par sa famille à travailler dans les Affaires étrangères, il avait eu la chance, à dix-neuf ans, d'être attaché au duc de Choiseul, qui venait d'être nommé à l'ambassade de Vienne. Durant son séjour là-bas, une mission délicate lui avait été confiée, celle de rassembler et de ramener en France plus de deux mille transfuges français qui avaient dû s'enrôler sous les drapeaux de l'Empire durant la guerre de Sept ans et qui ne savaient plus que devenir, une fois les hostilités terminées. Il s'acquitta de cette mission à son honneur et cela le fit bien noter en haut lieu. Aussi, après un assez long stage à Vienne, au cours duquel on le chargea spécialement des affaires du Roi pendant que se négociait la réunion du Congrès d'Augsbourg, Sainte-Foy fut rappelé en France en 1761 et mis à la tête du bureau des Affaires étrangères : il n'avait pas vingt-cinq ans.

Lorsqu'on a visité ce bijou d'art architectural du XVIIIe siècle qu'est la bibliothèque de Versailles — l'ancien hôtel des Affaires étrangères sous Louis XV — on peut très bien se représenter Radix de Sainte-Foy, en habit de soie brochée et poudré à frimas, promenant sa jeune dignité de haut fonctionnaire à travers cette enfilade de salles dorées où les archives des Affaires étrangères, reliées en maroquin rouge, flamboyaient derrière le grillage des bibliothèques, où les trumeaux mettaient au-dessus des portes la gaieté de leurs paysages de rêve, tandis que, dans le salon du milieu, la table de marbre ronde, — la table des Traités — se dressait dans sa gravité protocolaire.

Peu de temps après, il cumulait avec ses fonctions aux Affaires étrangères celles de trésorier général de la Marine. Cette charge coûtait cher : 800.000 livres. Heureusement pour Sainte-Foy, sa famille généreuse se chargea de faire les fonds ; son père poussa même le dévouement jusqu'à en exercer les fonctions à la place de son fils tant que celui-ci fut employé aux Affaires étrangères. Si cher que coûtât la trésorerie de la Marine, elle constituait, en réalité, une superbe prébende donnant de gros bénéfices à son titulaire ; en 1771, elle lui avait déjà fait gagner 600.000 livres qui, placées au denier dix, rapportaient net 60.000 francs, — il faisait bon être rentier dans ce temps-là. — De sorte que, lorsque la charge vint à être supprimée et que le Roi eut dédommagé Sainte-Foy en lui servant une pension de 16.000 livres, avec quelques autres produits de traitements particuliers la totalité de ses revenus s'élevait à la somme rondelette de 113.250 livres de rentes, fortune colossale pour l'époque.

L'aimable rentier, qui aimait les jardins, les fleurs rares, la campagne bien peignée et d'accès facile aux portes de Paris, avait acheté en 1766 la maison que possédait à Neuilly, près de la Seine, le comte d'Argenson. Après les agrandissements et les embellissements consi-

LA PORTE MAILLOT ET LE RESTAURANT GILLET, vers 1855.
Dessin de A. Colbette.

dérables qu'il y fit faire, ce ne fut plus une maison, mais un château, cette charmante construction à la romaine avec son avant-corps de colonnes, ses statues, groupes d'enfants et vases de marbre, ses sculptures dues aux ciseaux d'Allegrain, de Debatisse, etc..., ses terrasses étagées jusqu'à la rivière, ses bosquets, ses parterres de fleurs et ses portiques de verdure. Et bientôt à toutes ces merveilles venait s'ajouter une délicieuse vacherie, aménagée de façon que la jolie Mlle de Saint-Albin, la maîtresse de Sainte-Foy, qu'on disait délicate de la poitrine, pût y séjourner auprès de deux vaches, afin de suivre le nouveau traitement préconisé par les docteurs de la jeune école d'alors dans les affections de la poitrine.

Une maison de campagne ne suffisait pas ; il fallait posséder aussi une demeure somptueuse à Paris. Brongniard reçut mission de construire rue Basse du Rempart un superbe hôtel dans le goût de Trianon, qui dominait le boulevard de sa longue terrasse. Il appartenait avant lui à M. Bouret de Véselay, ancien trésorier général de l'Artillerie. Si nous nous reportons à l'état de lieux de l'hôtel dressé en 1782, nous voyons que la grande terrasse à sept croisées, décorée d'une colonnade et donnant sur le boulevard, s'ouvrait entre deux superbes galeries dont l'une, la galerie des fêtes, était entièrement peinte à fresques et l'autre, la galerie-bibliothèque, était ornée de médaillons en marbre blanc sur lesquels se détachaient les initiales S. F. au milieu d'une couronne de lauriers. Il y avait encore un salon en rotonde, un salon de musique de forme ovale, éclairé par le haut et dont le plafond était soutenu par des cariatides de marbre ; un boudoir octogone, une salle de billard, des chambres à coucher d'une richesse inouïe avec des ciels d'alcôve en glaces d'un seul morceau, cinq remises pour douze voitures, une écurie pour vingt-cinq chevaux, et tout à l'avenant, cour, basse-cour, jardin, pompe à eau, perrons, pavés de marbre, que sais-je !

Que manquait-il alors à Radix de Sainte-Foy, ministre plénipotentiaire auprès du prince des Deux-Ponts, pour être parfaitement heureux ? Il avait une fortune superbe, des amis puissants, une cave admirablement fournie, les plus fins cuisiniers du royaume, des loges à tous les spectacles, une campagne charmante, un hôtel superbe, trente chevaux à Paris, dix à Neuilly, des voitures somptueuses, un état de maison princier, et, par-dessus le marché, la plus belle créature qu'on pût rêver pour maîtresse, ce qui faisait dire à Grimm et à Diderot « qu'il était un des premiers voluptueux de France, ce qui s'appelle être constitué en dignité ».

Alors, qu'avait-il besoin de rechercher des charges nouvelles ?

Dans tous les cas, ce fut bien contre le gré de sa famille que Sainte-Foy accepta en 1776 la surintendance des finances du comte d'Artois, aux appointements de trois cent mille livres.

Les *Mémoires secrets* prétendent que le prince lui confia ce poste à la suite d'une négociation ... tout spécialement délicate, dont il se tira à la satisfaction dudit prince. Le petit-fils de Louis XV, sachant que Mme du Barry était sortie de Pont-aux-Dames, où on l'avait exilée à la mort de son royal amant, et qu'elle allait et venait librement de Louveciennes à Paris, aurait eu la fantaisie de tâter d'un morceau que son grand-père avait trouvé si friand ; sachant que Radix de Sainte-Foy était un très ancien ami de la dame, il l'aurait chargé d'obtenir pour lui une entrevue avec elle, et notre héros, toujours fin diplomate, se serait arrangé pour que l'amoureuse rencontre eût lieu dans sa discrète maison de Neuilly, qui se trouvait précisément sur la route de Louveciennes, et qu'elle eût pour décor son exquise chambre à coucher, décorée par Doublet, contiguë à un berceau de treillage qu'on éclairait l'été pour pouvoir souper en plein air.

La place de surintendant des finances du comte d'Artois aurait été le petit pourboire du zélé commissionnaire.

Cependant le voilà entré en exercice ; il déploie dans ses nouvelles fonctions une activité dévorante, s'entend à merveille à percevoir taxes et surtaxes sur les vassaux de l'apanage, à trafiquer des privilèges et des créances de Son Altesse, à faire argent de tout, et même de rien. Il entreprend la très audacieuse spéculation des terrains de la Pépinière, place, déplace, remplace, barbote et tripatouille tout à son aise au nom du prince, « dans le seul but, affirme-t-il, de ne rien trouver d'impossible pour satisfaire les moindres désirs de son maître ».

Personne ne se serait probablement jamais enquis des détails de son administration si un incident — la pelure d'orange — incident qu'aggrava sa maladresse, n'avait brusquement attiré l'attention de la justice sur les petites opérations de Sainte-Foy, ce qui eut pour résultat de le mettre un moment en très fâcheuse posture. M. Necker, le terrible Directeur général des Finances qui venait d'oser, dans son zèle réformateur, refuser à la Reine cent cinquante mille livres « dont elle avait un besoin urgent », ne s'avisa-t-il pas, un beau matin, avec sa manie de fourrer son nez partout, de découvrir que notre ami se faisait payer depuis plusieurs années une pension qui lui avait été pourtant remboursée intégralement sous le ministère de l'abbé Terray et de s'opposer à ce que ces errements continuassent. D'où, grande colère du titulaire, qui fut, tout droit, se plaindre à M. de Maurepas, lequel, naturellement, le renvoya à M. Necker lui-même. L'explication avec ce dernier fut des plus orageuses. Sainte-Foy le prit de très haut, allant jusqu'à reprocher à M. Necker de ne pas lui avoir donné 600.000 livres qu'il lui devait du temps où lui, Sainte-Foy, était aux Affaires étrangères. Comme il avait alors la confiance de M. de Praslin, il avait pu fournir à Necker, au moment où allait se conclure la paix avec l'Angleterre, des tuyaux de tout premier ordre qui avaient permis au financier de faire à Londres une très fructueuse spéculation.

Necker riposta en menaçant son interlocuteur de l'assigner devant le Parlement pour faits de mauvaise administration et déprédations dans les Finances du comte d'Artois, et sa réponse fut si rude que l'autre se sentit pris d'une jaunisse grave en rentrant chez lui. Mais le plus fâcheux de l'affaire c'est qu'il exécuta sa menace, et, le 30 juillet 1780, Sainte-Foy recevait son assignation. Le scandale fut énorme, on parlait de détournements de plus de cinq millions ; le roi disait que le Parlement était fait pour les fripons ; le comte d'Artois, ennuyé, faisait des reproches à son surintendant :

— « Vous me voliez donc, vous aussi ? »

UN DUEL AU BOIS DE BOULOGNE.
Dessin de Victor Adam.

Et Sainte-Foy, piqué, répondait :

— « En tout cas, Monseigneur, les menus plaisirs de Votre Altesse n'en ont jamais souffert. »

Il fut tout de même obligé de se démettre de sa charge et, dans la crainte de voir confisquer tous ses biens au soleil, il s'empressa de faire argent de son bel hôtel de la rue Basse-du-Rempart en le vendant 200.000 livres à Baudard, baron de Saint-James, trésorier général de la Marine ; il eut bien soin, toutefois, de s'en réserver l'usufruit sa vie durant. Il jugea bon également de jeter un peu de lest en vendant les tableaux d'une immense valeur, les porcelaines, les bronzes, les meubles de laque qui décoraient son hôtel ; le maréchal de Noailles se rendit acquéreur de la plupart des tableaux ; le peintre Lebrun acheta à sa vente le fameux « Pouilleux » de Murillo, aujourd'hui au Louvre, et le céda bientôt au roi pour 3.600 livres. Cela fait, comme son maître et protecteur le comte d'Artois partait pour sa fameuse expédition de Gibraltar, le zélé serviteur, privé de cette haute protection, jugea prudent de mettre momentanément la Manche entre ses juges et lui. Il passa donc en Angleterre laissant à son avocat Tronçon-Ducoudray le soin de le défendre devant le Parlement. Alors tout fut mis en œuvre pour tirer Sainte-Foy de ce mauvais pas. Tandis que les mémoires de son avocat le faisaient blanc comme neige, que son frère, l'abbé Radix, conseiller de grande Chambre, travaillait ses collègues du Parlement, Mlle de Saint-Albin plaidait avec tous ses charmes la cause de son ami auprès du comte d'Artois, retour de Gibraltar. Son éloquence était si séduisante qu'elle eut bientôt fait de ramener le prince à une plus juste appréciation des mérites de son surintendant et surtout de le décider à intervenir en sa faveur. Voilà comment il se fit qu'au moment où la Chambre des Tournelles rendait un arrêt des moins flatteurs pour l'honorabilité de Sainte-Foy, sans oser toutefois le décréter de prise de corps, le roi, influencé par son frère, faisait présenter aux Chambres assemblées des lettres de commandement portant extinction du fait et de la procédure dans l'affaire Sainte-Foy ; autrement dit, il ordonnait qu'on passât l'éponge, purement et simplement, sur ses agissements.

Aussitôt notre héros revint à Paris se constituer prisonnier à la Conciergerie pour, le lendemain 20 mai 1784, présenter à genoux à l'audience solennelle du Parlement ses lettres d'extinction devant une salle bondée de monde. Démarche un peu humiliante. Heureusement, pour le consoler, le comte d'Artois lui faisait remettre aussitôt le brevet de directeur général de ses domaines avec une pension de 8.000 livres, plus 100.000 livres pour l'indemniser de son procès ; et, encore en plus, il était nommé ministre des Deux-Ponts à Londres. Aussi, si nous en croyons les *Mémoires secrets*, il se promenait partout dans un cabriolet doré avec un jockey derrière et, plus insolent que jamais, il criait : gare ! gare ! à tous les badauds qui se pressaient sur son passage.

Cinq ans plus tard, la Révolution trouvait Sainte-Foy toujours directeur des domaines du comte d'Artois, mais comme elle confisqua les domaines du prince fugitif, le directeur n'eut bientôt plus rien à diriger. Cela ne l'empêcha pas d'adopter avec enthousiasme les idées nouvelles et de se rapprocher du parti de Mirabeau. Lamarck disait de lui qu'il était un homme « sans foi », tout entier au plus offrant. Tel ne fut pas l'avis de l'Assemblée Constituante, qui l'envoya en 1791 en Allemagne avec le titre de ministre plénipotentiaire de France ; il avait d'ailleurs fait preuve du plus pur civisme en achetant, le 22 février de cette même année 1791, l'abbaye du Mont Saint-Martin, près de Saint-Quentin, devenue bien national par la loi du 2 novembre 1789, ainsi que l'abbaye d'Ourscamp, près Noyon — une vraie collection d'abbayes.

L'achat de ces propriétés l'avait fait sans doute se désintéresser de son château de Neuilly, car il le vendit en 1792 à Mme de Montesson, veuve morganatique de Louis-Philippe d'Orléans, père de celui qui allait devenir si tristement illustre sous le nom d'Égalité. La douairière n'était pas coulante en affaires, tout fut matière à chicane, même le droit aux cordons de sonnettes.

Sainte-Foy était à Paris logé passage de Valois au Palais-Royal pendant cette année 1792 qui vit l'agonie de la royauté et personne ne se serait attendu à ce qu'il se mêlât de vouloir la sauver par ses conseils et ses intrigues. C'est pourtant ce qu'il tenta de faire et lorsqu'on découvrit aux Tuileries après le 10 août la fameuse armoire de fer, on trouva parmi les papiers qu'elle contenait deux lettres de Sainte-Foy au roi. Dans l'une il lui conseillait de gagner un certain nombre de membres de l'Assemblée législative pour leur faire appuyer le décret relatif à la liquidation des pensions et pour faire nommer Dumouriez ministre de la guerre. Dans l'autre il prévenait que le faubourg Saint-Antoine marchait sur les Tuileries et déconseillait au roi de se rendre dans le sein de l'assemblée. Il fut donc de ces nombreux donneurs de conseils in extremis, de ces conspirateurs de la dernière heure qui cherchèrent à sauver la royauté affolée alors qu'il était déjà trop tard, selon le mot des révolutions.

Naturellement, lorsque la Convention eut pris connaissance des lettres en question, elle ordonna le comparution de leur auteur devant la Commission des Douze, chargée de l'enquête sur l'armoire de fer. Sainte-Foy, terré dans son cloître du Mont Saint-Martin, faisait la sourde oreille ; alors, deux délégués de la Commission vinrent l'y cueillir, assistés de la force armée, et on l'incarcéra à l'Abbaye le 26 novembre 1792. Il y demeura trente-quatre jours avant d'être interrogé ; puis après sa comparution les 2 et 4 janvier 1793 devant la Commission beaucoup plus préoccupée à cette heure du procès de Louis XVI que de son affaire, Radix de Sainte-Foy fut traduit par ordre de la Convention devant le Tribunal criminel, qui n'était pas encore — heureusement pour lui ! — le terrible Tribunal Révolutionnaire. Acquitté par un jugement solennel le 27 février 1793, il reprit sur-le-champ le chemin de sa propriété du Mont Saint-Martin avec le projet d'y vivre en compagnie de sa fille Anne, alors âgée de dix-sept ans. Aimable illusion, qu'il n'allait pas conserver longtemps... Un mois ne s'était pas écoulé que l'infortuné châtelain était arrêté de nouveau parce que Dumouriez venait de trahir la République et qu'on soupçonnait Sainte-Foy de l'avoir caché au Mont Saint-Martin après sa désertion ; on l'avait vu à Bonavis sur la route de Saint-Quentin à Cambrai ; mais ensuite, on avait perdu sa trace.

Or, Dumouriez avait bien couché deux nuits au Mont Saint-Martin, mais c'était avant d'abandonner son poste. Dumouriez ayant trahi, Sainte-Foy, qui l'avait reçu, ne pouvait pas ne pas avoir trahi, lui aussi, la République. Force lui fut donc de venir s'expliquer à Paris, flanqué d'un gardien et accompagné de sa fille. Là il prouva qu'il n'avait jamais eu aucune espèce de relations épistolaires avec le général déserteur et il obtint sa mise en liberté sous caution, ce qui lui permit de se loger galerie de Pierre n° 56, au Palais-Royal. Enfin, après quelques jours, on l'autorisa à retourner à sa campagne, bien heureux que ses flirts réitérés avec la Justice ne lui eussent pas attiré de plus sérieux désagréments.

Vous croyez peut-être qu'au Mont Saint-Martin il va jouir enfin de la grande paix des champs ? Erreur ! On est au mois de septembre 93. L'Europe s'est coalisée contre la République française ; la Belgique est envahie, la Picardie menacée et l'extrême pointe Nord du département de l'Aisne se trouve toucher au théâtre même de la guerre ; or le Mont Saint-Martin est situé dans une des communes qui forment cette extrême pointe, la commune de Gouy. Un beau matin, l'alarme se répand dans tout le pays : « Voilà les ennemis ! » Et tous les voisins de l'abbaye, cultivateurs, artisans, d'accourir terrifiés chez Radix de Sainte-Foy : « Ils vont nous égorger : protégez-nous, cachez-nous ! » Les portes du vieux couvent s'ouvrent pour les laisser entrer et se refermer sur eux ; le maître fait barricader toutes les ouvertures : il met lui-même la clé du grand portail dans sa poche. Maintenant les Autrichiens peuvent venir : les murs sont hauts, les clôtures solides, on ne les craint pas.

Bientôt, en effet, des détachements ennemis commencent à rôder autour de l'abbaye ; ils crient de loin : « Ouvrez les portes ! » Personne ne bouge. Vingt fois on répète les mêmes sommations.

Cependant plus de cinq mille hommes défilent devant le Mont Saint-Martin et la situation, plus périlleuse de minute en minute, se prolonge pendant une heure et demie jusqu'à ce que des hussards autrichiens reçoivent l'ordre d'escalader les grands murs en montant debout sur leurs chevaux. Les voilà à l'œuvre. Déjà des colbacks pointent aux crêtes ; des têtes se dressent, des armes luisent. L'instant est critique. Alors Sainte-Foy prend son parti : il s'avance seul, sans armes, dans la cour. Des carabines le couchent en joue. Il demeure impassible, fait signe qu'il veut parlementer et dit aux hussards, très crâne :

« — Si vous vous contentez d'accepter à boire et à manger, sans rien piller ni faire de mal à personne, je vais vous ouvrir. »

La réponse est évasive ; il faut bien s'en contenter. Il ouvre lui-même le lourd portail. Aussitôt c'est une ruée folle des assaillants par toute la vieille demeure. En un instant tout est brisé, défoncé, saccagé, et lorsque le malheureux propriétaire implore auprès des officiers tout au moins une sauvegarde pour lui, sa fille et ses gens, car on ne sait pas à quelles brutalités cette soldatesque n'est pas capable de se livrer :

« — Pas de sauvegarde pour un acheteur de biens nationaux ! » lui répond-on impitoyablement.

Enfin, après un pillage en règle, les Autrichiens disparurent. Sainte-Foy s'occupait à réparer tant bien que mal le délabrement de son pauvre logis lorsqu'une catastrophe, plus terrible encore, vint s'abattre sur lui. C'était au fort de la Terreur ; on voyait des suspects partout et tous ceux qui, de près ou de loin, avaient été en contact avec l'ancienne cour étaient particulièrement suspectés, incarcérés et presque toujours guillotinés. Rien d'étonnant donc à ce que Radix de Sainte-Foy, ancien surintendant des finances du comte d'Artois, fût dénoncé un beau jour comme suspect au Comité de Sûreté Générale de Paris en dépit de son civisme avéré — prestation de serment civique, présidence du bureau des électeurs de Saint-Quentin assemblés à Soissons lors des élections à la Convention. Son dénonciateur était un farouche Jacobin de Paris nommé « Le Roy ». Ordre fut expédié à la municipalité de Gouy de le mettre en arrestation. Notre homme, fort de son innocence, se rendit aussitôt à Laon, où se trouvaient à ce moment-là les représentants Lejeune et Leroux, et il tenta de se justifier des inculpations absurdes qui pesaient sur lui, comme, par exemple, d'avoir des accointances avec les ennemis de la République — jolies accointances ! — de posséder chez lui des meubles si riches qu'il devait les avoir subtilisés à la liste civile, enfin d'être un intrigant. Les représentants parurent convaincus de son innocence, mais comme le Comité de Sûreté Générale leur avait enjoint de faire partir Sainte-Foy pour Paris sans examiner le bien fondé de l'accusation, ils ne purent que lui donner de bonnes paroles, ce qui, dans la circonstance, était une maigre consolation.

A Paris on commença par l'écrouer à la Conciergerie, tandis qu'on arrêtait sa fille, ses deux domestiques et son fermier, demeurés au Mont Saint-Martin et qu'on les transférait également à Paris, la jeune fille à Fitz-James, les autres à Sainte-Pélagie et à Saint-Lazare. On fit ainsi maison nette là-bas, ce qui permit aux Autrichiens, repassant par le Mont Saint-Martin quelque temps après, d'en achever tranquillement le pillage, puisqu'il n'y avait plus personne pour le garder. Pillé pour avoir acheté des biens nationaux à la République, incarcéré pour avoir entretenu des relations avec les ennemis de la République, le pauvre Sainte-Foy ne devait plus savoir vraiment où donner de la tête et peut-être le Tribunal Révolutionnaire eût-il fini par la lui prendre sans même qu'il eût besoin de la donner, si, étant en prison, il n'eût le bon esprit de tomber sérieusement malade. Alors il obtint d'être transféré rue de Charonne, dans la maison de santé du docteur Belhomme, une sorte de prison-hôpital où il fallait payer pension, où le confort était très relatif, mais où du moins on était momentanément à l'abri du terrible appel au Tribunal Révolutionnaire. Il se trouvait encore chez le docteur Belhomme, après sept mois de ce régime, lorsque survint la réaction thermidorienne; sa libération fut prononcée le 3 frimaire, an III.

A ce moment Radix de Sainte-Foy a cinquante-six ans. On pourrait supposer qu'après l'infinie variété d'épreuves par lesquelles il est passé depuis quinze ans, épreuves physiques et épreuves morales, il doit souhaiter de vivre à l'écart des agitations du monde : on se tromperait grossièrement. Sans jouer un rôle de vedette dans l'histoire politique et mondaine du Directoire, il se jette de nouveau en pleines intrigues à la suite du plus grand intrigant de l'époque, devenu son ami intime, le citoyen Talleyrand ; ce qui fait dire au baron de Frénilly « que ce dernier a pour courtier de son ministère l'ancien trésorier du comte d'Artois, banqueroutier frauduleux, sauvé de la corde ». Il semble que ces deux hommes soient alors inséparables ; lorsque Lucie Arnould en parle dans ses lettres à Belanger, l'architecte de Bagatelle, elle les surnomme l'un Jacquot, et l'autre Pierrot : ils vont ensemble à des réunions politiques dans des maisons louches de la rue Saint-Honoré ; enfin Talleyrand choisit Radix de Sainte-Foy pour être témoin de son mariage avec Mme Grand et il le reçoit intimement dans ce château de Neuilly que l'ex-trésorier de la Marine remplissait jadis de son faste au temps où sa radieuse maîtresse, Mlle de Saint-Albin, y faisait salon dans les étables. Sainte-Foy ne paraît pas avoir eu trop à souffrir, pécuniairement parlant, de la Révolution. Il avait fait restaurer par Sobre son hôtel de la rue Basse-du-Rempart, lequel était maintenant divisé en deux ; un Hollandais louait le derrière donnant sur les jardins, et lui, Sainte-Foy, qui se faisait appeler de Carenne, et qui était banquier, occupait le devant sur le boulevard. Il possédait toujours ses deux abbayes d'Ourscamp et du Mont Saint-Martin et il avait acheté récemment les ruines du château de Pierrefonds ; elles furent revendues en 1813 à l'État. A Ourscamp, il avait transformé l'hôpital de l'abbaye en un château avec escalier d'honneur, plafonds à la grecque, peintures murales mythologiques. Son chiffre avait été substitué, sur la grille, à l'écusson de l'abbaye ; l'église avait été démolie par son ordre. Il recevait souvent dans ce domaine les gouverneurs du Directoire et dans les dernières années de sa vie il résidait tantôt à Ourscamp, tantôt au Mont Saint-Martin, tantôt à Paris.

La passion de Radix de Sainte-Foy pour les toiles des grands maîtres des écoles française et hollandaise était toujours aussi vive qu'à l'époque où il possédait « le Pouilleux » de Murillo : en 1811, après sa mort, on fit à l'hôtel Bullion une vente sensationnelle des tableaux qu'il avait collectionnés dans ses trois habitations.

Le peintre Lebrun en dressa le catalogue ; on y voyait des chefs-d'œuvre de Lemoine, de Coypel, le grand Dauphin de Rigaud, des Breughel, Ruysdaël, Van Ostade, Vernet, Rubens, Cuype, Mirevelde, Van Loo, Natier, Carle de Moor, etc., et enfin le portrait de Mme Du Barry, par Mme Vigée-Lebrun — à toute maîtresse tout honneur !

Quant à sa propriété du Mont Saint-Martin, elle fut vendue à un notable du pays qui y installa une sucrerie. En 1815, Wellington y fit un long séjour après l'évacuation de Paris par les Alliés, il y organisa même des chasses à courre pour tromper l'ennui de cette résidence forcée.

Aujourd'hui, de Radix de Sainte-Foy, le roué de l'ancien régime, l'inquiétant directeur des finances du comte d'Artois, l'acheteur d'abbayes, le survivant de la Terreur — l'homme toujours arrêté, jamais condamné — le copain de Talleyrand, il ne reste plus, comme souvenir, qu'un nom donné à une silencieuse avenue de l'ancien parc de Neuilly. Le calme de cette avenue de banlieue forme un contraste étrange avec l'existence si intensément mouvementée de celui qui se trouve en être le parrain.

OUVRAGES CONSULTÉS POUR CET ARTICLE

Dulaure : Environs de Paris. — Abbé Bellanger : Histoire de Neuilly. — Correspondance de Mme Geoffrin. — Mémoires du duc de Croÿ. — Piton : Paris sous Louis XV. — Mémoires secrets de Bachaumont. — Correspondance secrète de Lescure. — Factums : mémoire pour le sieur Sainte-Foy par Tronçon-Ducoudray. — Mémoires de Mme de Chastenay. — Mémoires du baron de Frenilly. — Archives parlementaires. — Vatel : Histoire de Mme du Barry. — Dutens : Mémoires d'un voyageur qui se repose. — Correspondance de Grimm et de Diderot. — Journal de Sartines. — Mémoires du prince de Ligne. — Archives nationales : C. 186 W. 473. — Bibliothèque de la ville de Paris : Manuscrits. — Bibliothèque nationale (estampes) : Catalogue des tableaux de Radix de Sainte-Foy. — Lefeuve : Les anciennes maisons de Paris. — Ognier : Notice historique sur Gouy et la Catelet. — Mémoires de Barras. — Bernard de Lacombe : La vie privée de Talleyrand. — Tuetey : Bibliographie de Paris pendant la Révolution. — Peigné-Delacourt : Histoire de l'abbaye d'Ourscamp.

LES "PETITS COMÉDIENS"
DU BOIS DE BOULOGNE

LES "PETITS COMÉDIENS" DU BOIS DE BOULOGNE

Puisqu'aujourd'hui il est de mode au théâtre de confier des rôles importants aux enfants et que cela fait crier à l'immoralité, essayons d'endormir les scrupules de nos contemporains en leur montrant que cet usage était beaucoup plus répandu encore au XVIIIe siècle qu'il ne l'est actuellement, ce dont les moralistes d'alors manifestaient hautement déjà leur réprobation.

Et qui le croirait ? Ce fut au Bois de Boulogne que se fit en 1778 une des plus importantes exhibitions d'enfants acteurs devant un public payant.

Il y avait alors, au bout d'une des pelouses qui séparaient le château de la Muette du reste du Bois du côté opposé au Ranelagh en se rapprochant de la Faisanderie, une coquette petite salle de spectacle construite en charpente sur les dessins de l'architecte La Bruyère. L'entrée était décorée extérieurement d'un péristyle de quatre colonnes coniques peintes, que surmontait un fronton triangulaire de style grec. La salle contenait deux rangs de loges circulaires formant balcon et un parquet, autour duquel il y avait encore d'autres petites loges. Tout l'intérieur était peint en marbre blanc rehaussé d'ornements dorés. Des tentures bleues à franges et glands d'or drapaient les « devantures » des loges ; le plafond représentait un ciel où des enfants jouaient avec des guirlandes de roses.

Une dame Donvillers avait fait construire avec l'autorisation du prince de Soubise, gouverneur du Bois de Boulogne, cette gentille bonbonnière ; un financier, Bertin, trésorier aux parties casuelles, en avait été le bailleur de fonds et de très jeunes enfants y jouaient, dans la belle saison, des pièces du répertoire de la Comédie Française et de la Comédie Italienne. Je dis : *dans la belle saison*, parce que, dès le mois de novembre, la direction avait beau afficher que « les poëles seraient allumés et que les dames pourraient avoir des chauffe-pieds dans leur loge », le nombre de spectateurs diminuait avec celui des degrés de chaleur.

C'est sur cette petite scène que débuta toute jeune Mlle Maillard, qui devint plus tard la rivale de Mlle Saint-Huberty, à l'Opéra.

On ne s'expliquerait pas bien pourquoi la brave dame Donvillers avait eu cette singulière idée d'installer son théâtre au Bois de Boulogne, éloigné de Paris et d'un accès difficile à cette époque, si l'on ne réfléchissait pas qu'au début du règne de Louis XVI la Cour fit de fréquents séjours à la Muette, que ces séjours attiraient autour de la demeure royale toute la brillante société de Paris et de Versailles ; que la reine Marie-Antoinette devait certainement fréquenter en voisine le théâtre des

LE BOIS DE BOULOGNE EN HIVER, SOUS LE SECOND EMPIRE.
Dessin de E. Guérard.

Petits Comédiens comme elle fréquentait le bal du Ranelagh ; et qu'en somme, les représentations des élèves de Mme Donvillers constituaient une saison d'été théâtrale correspondant à la saison d'hiver des Enfants d'Audinot au boulevard du Temple.

Il advint justement qu'Audinot, chassé en 1784 de son théâtre par un arrêt du Conseil, qui accordait à l'Opéra les privilèges de tous les petits théâtres (à la suite duquel arrêt les sieurs Gaillard et d'Orfeuille s'étaient fait adjuger la direction des Variétés et de l'Ambigu Comique), vint avec ses petits artistes se réfugier au Bois de Boulogne, dans le théâtre de Mme Donvillers, pour la saison de 1785.

Mais qu'était-ce au juste que les Enfants d'Audinot ? Audinot, ancien acteur de la Comédie Italienne, garçon intelligent, auteur dramatique à ses moments perdus — on a de lui un opéra-bouffon : le Tonnelier — s'était en février 1759 trouvé sans emploi par suite de la réunion de la troupe des Italiens à celle de l'Opéra-Comique. Il eut alors l'idée de monter à la foire Saint-Germain un théâtre de marionnettes, « les petits comédiens de bois », où chaque acteur figurait un de ses anciens camarades du Théâtre Italien, devenus ses bêtes noires. Les marionnettes eurent la vogue. Alors, au mois de juillet de la même année, Audinot sur ses bénéfices loua un terrain boulevard du Temple, tout proche de Nicolet et y fit construire une petite salle qui prit le nom d'Ambigu Comique. Sur cette scène il imagina de remplacer ses marionnettes par des enfants en chair et en os ; Moline et Plainchesne écrivirent des pièces pour les petits comédiens et sur la toile on inscrivit en lettres d'or cette devise, en forme de jeu de mots :

Sicut infantes audi nos

qu'un mauvais plaisant traduisit ainsi : « Ci-gît les enfants d'Audinot. » Traduction malicieuse s'il en fut, car après qu'on avait vu les petits comédiens jouer des grivoiseries dans le goût de « Madelon Fiquet, ou Amant Dessus, Amant Dessous, Amant Dedans, — titre à vrai dire beaucoup plus obscène que le sujet lui-même, — on pouvait affirmer, sans risquer de se tromper, qu'il n'y avait plus d'enfants ! Et n'en déplaise au vertueux abbé Delille qui proclamait dans sa candeur :

« Chez Audinot l'enfance attire la vieillesse ».

il faut avouer que pour les vieillards, comme pour tous les spectateurs, en général, de l'Ambigu Comique les gravelures débitées par des enfants constituaient le principal attrait de ses représentations. Bachaumont avait beau écrire en 1771 :

« Les amateurs de théâtre espèrent que cette troupe deviendra une espèce de séminaire — le mot est trouvé ! — où se formeront des sujets d'autant meilleurs qu'ils annoncent déjà des dispositions décidées et donnent les plus grandes espérances », cela n'empêchait pas l'archevêque de Paris de se plaindre au lieutenant général de police de ce que dans le « Triomphe de l'Amour et de l'Amitié », une adaptation d'Alceste, gros succès de l'Ambigu Comique, les enfants costumés en grands-prêtres avaient des robes qui ressemblaient trop à des aubes.

Il est vrai que M. de Sartines faisait la sourde oreille aux doléances de Monseigneur en présence du succès.

Dans cette troupe, de tout premier ordre, l'étoile était la délicieuse fillette d'Audinot, Eulalie, âgée de huit ans, qui jouait avec infiniment d'esprit et avait une voix d'une exquise fraîcheur. Là débutèrent Varenne, Damas, Michot, futurs acteurs de la Comédie-Française ; Bordier, surnommé le Molé des Boulevards, qui devait mourir si tragiquement en 1789 à Rouen, pendu dans une révolte occasionnée par les grains, y jouait les fats et les abbés ; enfin le petit Moreau, un acteur de quatre pieds trois pouces, était inimitable dans les rôles d'Arlequin.

En 1772 Mme Du Barry fit venir à Choisy Audinot et ses enfants pour jouer devant Sa Majesté Louis XV. Au programme : « Il n'y a plus d'enfants » de Nougaret ; « La Guinguette » de Plainchesne et « Le chat Botté » d'Arnould ; la représentation se terminait par une contredanse polissonne « La Fricassée », destinée à dérider le Royal ennuyé. Mais tandis que Mme Du Barry riait de tout son cœur, le roi souriait à peine du bout des lèvres. Le divertissement ne parut pas « l'affecter » beaucoup et l'on ne redemanda plus les Enfants d'Audinot pour jouer devant lui.

Mais revenons au théâtre du Bois de Boulogne où, comme je le disais tout à l'heure, nous trouvons Audinot installé durant l'été de 1785 lors de son expulsion de l'Ambigu Comique.

Tandis que ses enfants faisaient salle comble chez Mme Donvillers, lui s'occupait activement à intriguer, à négocier, à parlementer pour obtenir de rentrer en possession de sa salle du boulevard du Temple. Enfin, après force pas et démarches, il parvint à ses fins et au mois d'octobre suivant, la petite troupe réintégrait son théâtre habituel ; seulement ce ne fut pas sans y laisser quelques belles plumes, Audinot dut s'engager à payer à l'Opéra une redevance annuelle de 12.000 livres.

Après son départ, Mme Donvillers continua à exploiter son théâtre du Bois de Boulogne jusque deux ans avant la Révolution. En 1790 un ordre du Gouvernement prescrivit la démolition de cette salle de spectacle et de ses dépendances, qui rappelait les derniers beaux jours de la royauté, et désormais il ne resta plus aucun vestige du séjour des « Petits Comédiens » à la Muette.

Mais poursuivons notre revue des théâtre d'enfants d'autrefois. En 1779 il existait, non loin de l'Ambigu Comique, toujours sur le boulevard du Temple, en face de la rue Charlot, une coquette salle de spectacle, qui s'intitulait le théâtre des Elèves de l'Opéra. Sur cette scène, qui devait primitivement s'appeler le Conservatoire, — nom prédestiné — on jouait des pièces à grand spectacle comme la « Jérusalem délivrée » ou des pantomimes-féeries : « Cendrillon, Barbe-Bleue »; mais les frais dépassèrent vite les recettes et en 1784 les élèves de l'Opéra fermèrent leurs portes faute de ressources.

L'année précédente, le duc de Chartres, le futur Philippe-Egalité, avait fait construire par l'architecte Louis au Palais-Royal un théâtre destiné à l'amusement de ses enfants, auquel il donna le nom du plus jeune de ses fils, le comte de Beaujolais ; ce fut le théâtre des petits Comédiens de S. A. S. Mgr le comte de Beaujolais, que le

public prit bientôt l'habitude d'appeler plus simplement « Les Beaujolais ».

Au début, les acteurs furent des marionnettes, puis on leur substitua des enfants ; seulement on imposa à la direction cette condition étrange que les enfants en scène ne parleraient ni ne chanteraient et se contenteraient seulement de faire les gestes, tandis que d'autres artistes, placés dans la coulisse, devaient chanter et parler pour eux. Ce fut précisément la difficulté de cette mise en scène singulière qui décida du succès des Beaujolais ; « il régnait un si grand accord entre la voix des uns et la pantomime des autres qu'il était facile de s'y tromper ». La salle des Beaujolais, devenue la salle Montausier, fut fermée en 1807.

Après la Révolution en 1799, un sieur Metzinger construisit une petite salle de spectacle rue de Thionville — aujourd'hui rue Dauphine — au n° 24 en face de la rue du Pont-de-Lodi, sur l'emplacement d'une ancienne salle des ventes devenue club patriotique puis corps de garde en dernier lieu. Ce fut le « théâtre des Jeunes Elèves de la rue de Thionville ». Les plus âgés avaient seize ans, les plus jeunes entraient dans leur septième année. Un comédien Belfort et un nommé Constant Tiby prirent la direction de cette scène, où l'on jouait des tragédies, des ballets-pantomimes et des opéras-comiques : « L'amour à l'anglaise » de Rougemont, le « Concert aux Champs-Elysées » de Dumersan, répertoire varié, s'il en fut. Le metteur en scène était un instituteur nommé Dorfeuil ; on exerçait d'abord les élèves dans la salle, naguère incendiée, des Délassements Comiques, boulevard du Temple, où les toitures étaient en si mauvais état qu'un jour un mauvais plaisant offrit son parapluie à Juliette, « la dolente amante de Roméo », parce qu'au cours de la représentation, des gouttes de pluie lui tombaient sur le nez. Le théâtre des Jeunes Elèves de la rue de Thionville forma des comédiens célèbres : Firmin, plus tard sociétaire de la Comédie-Française ; Rose Dupuis, la mère de Dupuis, le délicieux acteur du Vaudeville, et surtout Virginie Déjazet, l'inimitable Déjazet, la coqueluche de nos grand'mères dans « Les Premières armes de Richelieu ». Après quelques années de succès, il se produisit une scission dans la troupe, dont une partie s'en alla jouer au théâtre Moreux rue Saint-Antoine sous la direction de Pelletier de Volmeranges. Enfin le théâtre ferma ses portes, faute d'acteurs, dans le courant de l'année 1807.

Deux ans après sa fermeture, la salle des Jeunes Elèves de la rue de Thionville était rouverte — oh ! très momentanément, — par un artiste genevois, Louis-Christin-Emmanuel-Apollinaire Comte, désireux de produire ses talents de prestidigitateur et de ventriloque sur une scène parisienne. Nous allons voir bientôt le sieur Comte reprendre l'idée d'Audinot de faire jouer la comédie par des enfants, avec cette différence toutefois que le théâtre Comte devait prendre pour devise ces deux vers, qui n'eussent point du tout fait l'affaire d'Audinot au boulevard du Temple :

> Par les mœurs, le bon goût modestement il brille,
> Et sans danger la mère y conduira sa fille.

Ce fut en 1814 que notre impresario, devenu physicien

du roi Louis XVIII, obtint par privilège spécial la permission de faire jouer à des enfants dans l'ancien local du Cirque Olympique, salle du Mont-Thabor, de petites pièces à trois personnages, avec cette restriction, aussi bizarre dans son genre que celle imposée jadis aux Beaujolais, que les scènes devaient se dérouler derrière un rideau de gaze. Plus tard il émigra avec sa petite troupe dans un caveau de l'Hôtel des Fermes rue du Bouloi avant d'être autorisé à ouvrir au passage des Panoramas une salle pour enfants où on jouait du Berquin et du Vanderburch. Des contrariétés le firent quitter les Panoramas pour le passage Choiseul, qu'on venait d'ouvrir, et le 26 décembre 1826 Comte inaugurait son théâtre des Jeunes Artistes, qui prit plus tard le nom de théâtre des Jeunes Élèves de M. Comte. Des auteurs connus comme Roger de Beauvoir, Theaulon, etc... faisaient des pièces pour la petite troupe. Albéric Second a dit des enfants qui la composaient :

« Quelques-uns sont morts dans la misère » — ce qui, entre parenthèses, n'a rien de surprenant quand on songe qu'à dix ans ils débutaient avec dix francs par mois, et sept ans plus tard ils gagnaient au grand maximum vingt sous par jour — « beaucoup se sont résignés à embrasser des professions manuelles. L'un d'eux un bossu, le petit Alfred, fut sous-inspecteur du balayage parisien. Les acteurs sortis de chez M. Comte sont restés dans une honnête médiocrité ; seul, Hyacinthe, le sublime gracioso du Palais-Royal, a acquis la célébrité. »

Le 5 juin 1855 Comte cédait son théâtre à Offenbach qui y créa les Bouffes-Parisiens.

Ces dernières années, on a entrepris au théâtre Fémina de remettre en vogue les pièces jouées par des enfants, mais en y conviant un public spécial d'enfants : tentative d'art intéressante, puisqu'elle a déjà permis à une gentille étoile, Mlle Mona Gondrée, d'atteindre prématurément à la grande notoriété.

Et si je ne craignais pas, en terminant, de réveiller les scrupules, — à moitié endormis peut-être, — de mes lecteurs, j'émettrais le vœu de voir, comme autrefois, s'élever dans quelque coin du Bois de Boulogne, soit sur les pelouses de la Muette, soit sous les ombrages du Pré Catelan, un gentil théâtre de Petits Comédiens qui nous joueraient des pièces signées Zamacoïs, Rivoire, Rostand, ou, mieux encore, Rosemonde Gérard ; et je gage que tout Paris accourrait, comme jadis, à ces spectacles des Petits Comédiens du Bois de Boulogne ressuscités.

OUVRAGES CONSULTÉS POUR CET ARTICLE :

Bulletin de la société historique d'Auteuil et de Passy. — Thierry : Guide des amateurs et des étrangers dans Paris. — Archives de la mairie de Passy. — Dulaure : Histoire de Paris. — Bachaumont : Mémoires secrets. — Brazier : Histoire des petits théâtres de Paris. — Nouvelle biographie générale de Didot. — La Bedollière : Le nouveau Paris. — Maurice Albert : Les théâtres des boulevards. — G. d'Heilly : Foyers et coulisses : histoire anecdotique de tous les théâtres de Paris. — Collection d'autographes du musée Carnavalet.

LE GRAND MUSARD

MAIRE D'AUTEUIL

LE GRAND MUSARD
MAIRE D'AUTEUIL

Le 30 mars 1859, quelques mois avant que fût promulgué par Napoléon III le décret qui décidait l'annexion à Paris de plusieurs communes de la banlieue, notamment Auteuil et Passy, mourait précisément à Auteuil, au n° 11 de la Grande-Rue, un de ses derniers maires, Philippe Musard.

Si honorables que fussent les fonctions du premier édile d'Auteuil exercées par le défunt, de 1848 à 1851, elles n'auraient peut-être pas sauvé son nom de l'oubli si ce nom n'avait eu, durant le règne de Louis-Philippe, une célébrité mondiale.

Il suffisait, naguère encore, de prononcer le nom de Musard devant nos grands-pères pour voir aussitôt leur physionomie s'épanouir au fond de l'ample cravate carcan, leurs yeux fixer dans le vide une aimable vision, leurs pieds esquisser sur le parquet le simulacre d'un pas bizarre, et leurs lèvres murmurer des mots qui nous paraissaient incohérents à nous, mais qui ne l'étaient, certes, point pour eux : Passe-Lacet, Minon-Minard, Mogador, etc...

C'est que pour toutes ces générations, qui furent jeunes au temps des débardeurs de Gavarni et des grisettes de Murger, la personnalité de Musard synthétisait tout un passé de vie débridée, de folies carnavalesques, de bals endiablés, — avec quelquefois la fin de la nuit terminée au violon, — lorsqu'elles évoquaient sa face jaune et grêlée dominant du haut de son pupitre de chef d'orchestre le flot déferlé des danseurs en délire.

Musard, Tourangeau de naissance, vit le jour le 8 novembre 1792 au moment où toute la France anxieuse attendait le verdict de la Convention qui allait décider du sort de Louis XVI. L'époque troublée pendant laquelle s'écoulèrent les premières années de sa vie explique l'obscurité qui plane sur les débuts de notre héros. On ne sait rien de précis sur son compte jusque vers l'année 1817 où, après avoir traîné quelque temps à Paris sa misère de petit violon besogneux dans les orchestres de bals publics plus ou moins borgnes, l'idée lui vint de passer en Angleterre tenter la fortune, dont les sourires se faisaient pour lui si rares au pays natal. Là-bas, après quelques fausses manœuvres et probablement beaucoup de vache enragée dévorée avec ses belles dents de vingt-cinq ans, il fit la connaissance d'un musicien qui était sur le point d'obtenir l'entreprise des bals de la Cour et aussi d'une jeune personne dont il devint amoureux au point de l'épouser. Associé avec le musicien, Musard lui apporta ses premières compositions dansantes animées d'un mouvement et d'un entrain si irrésistibles qu'elles lui conquirent de suite la vogue. Marié avec la jeune personne qu'il aimait, il eut d'elle un fils, Alfred, qui devint dans la

LOUIS PROSPER LOFFICIAL.
Né à Montigné en Anjou le 28 9bre 1755
Député du Poitou
à l'Assemblée Nationale de 1789
et député du Dép.t des deux Sèvres
à la Convention nationale de 1792

suite musicien comme papa, créa à plusieurs reprises des concerts, notamment à l'hôtel d'Osmond — sur l'emplacement actuel du Café de la Paix — toujours comme papa, fut capitaine de la Garde nationale à Auteuil en 1848 pendant la magistrature municipale de papa, épousa une femme qui fit beaucoup parler d'elle à la fin du second Empire, et finalement est mort en 1881 à Marseille à l'hôtel du Louvre.

Philippe Musard était donc en bonne voie de faire ses affaires à Londres lorsque la nostalgie de Paris le prit irrésistiblement, à ce point qu'un beau jour il rompit son association et revint tout droit dans la capitale.

Nous l'y retrouvons en 1820 chef d'orchestre au bal Tivoli, situé tout en haut de la rue Blanche au coin de la place Clichy, la grande attraction d'alors avec ses montagnes russes, ses danseurs de corde et ses flammes de Bengale, « rapides symboles, prétendait Guénot Lecointe, des passions qui se rencontraient là pour s'allumer et s'éteindre en un soir ». Ce Tivoli avait remplacé une autre... « boîte » du même nom, installée antérieurement dans le bas de la rue de Clichy, sur l'emplacement des jardins du fermier général Boutain, et où la reine Marie-Antoinette avait affecté de se promener avec ses enfants le matin même de la fuite de Varennes.

Dans ce Luna Park d'il y a cent ans, comme dans le Luna Park actuel, la musique jouait tout juste le rôle d'une machine à faire danser ou encore d'un vague accompagnement aux cris stridents des femmes énervées. Or, Musard mit dans sa tête qu'on finirait par écouter son orchestre pour la musique elle-même et il s'attacha à le composer exclusivement d'artistes de talent ; puis, comme il lui fallait un clou pour lancer cette nouvelle attraction, la chance le servit en lui faisant engager l'illustre Dufresne, le premier cornet à piston du monde : je dis : le *premier* cornet à piston, parce qu'avant lui cet instrument n'existait pas encore. Quelle ne fut pas la joie du musicien lorsqu'à l'audition de son nouvel orchestre les danseurs s'arrêtèrent de gambader pour faire cercle et écouter en silence la fin du morceau.

A ce propos, remarquons que Musard a réuni en lui deux personnalités musicales très distinctes : l'artiste épris de son art et soucieux d'initier les foules à la bonne musique et le maëstro chef d'orchestre, lanceur de quadrilles extravagants et de galops infernaux ; ainsi nous allons le voir tantôt organiser des concerts où on jouait des airs populaires, des fragments de bons opéras — par exemple les six principaux morceaux des Huguenots exécutés par 70 musiciens dans les salles du concert Saint-Honoré — tantôt diriger les bals masqués des grands théâtres et y faire triompher le cancan le plus chahuteur ; ou encore amalgamer l'un à l'autre ces deux genres et faire succéder sans transition le bal fou à l'audition recueillie. Mais il faut reconnaître, un peu à la honte de ses contemporains, qu'il a dû sa célébrité bien plus aux bals masqués qu'aux concerts de musique sérieuse.

Ce n'est vraiment qu'à partir de 1831 que Musard conquit la grande notoriété, lorsqu'il fut nommé chef d'orchestre des bals des Variétés. Le cancan, que Léon Séché a défini si spirituellement « un mélange de la danse débraillée des étudiants, du flic-flac des prévôts de régiment à la guinguette, des bonds des « malins » se trémoussant à la barrière et des poses lubriques des danseuses de chahut », venait d'être créé par d'Alton Shee, ancien page de Charles X, et lancé au bal du Ranelagh, là-bas à la Muette du Bois de Boulogne. Musard lui donna ses grandes entrées au bal des Variétés et aussitôt il fut de mode parmi la jeunesse dorée d'alors, lions du boulevard, habitués du perron de Tortoni, de fréquenter chez Musard. De ce nombre étaient Alfred Tattet, l'ami de Musset, Roger de Beauvoir, l'écrivain-dandy ; Arvers, l'homme au sonnet ; Romieu, l'illustre sous-préfet mystificateur ; d'Alton Shee, un des fondateurs du Jockey-Club ; Dumas, le grand Dumas, ainsi que le peintre Decamps, qui donna très probablement au père des Trois Mousquetaires l'idée d'écrire son roman *Les quarante-cinq*, à la suite d'un bal masqué où il s'était amusé à inscrire le chiffre 45 sur l'épaule de ceux de ses camarades qu'il avait jugés dignes de constituer la confrérie dite « des bons bougres » avec le peintre Jadin pour grand-maître.

Ce fut encore à un de ces bals des Variétés que Ternaux, neveu du Directeur des comptoirs de la Compagnie des Indes à Paris, amena une femme qui n'avait pour tout vêtement qu'un châle pris dans les magasins de l'oncle, et qu'elle s'empressa d'ailleurs de quitter une fois au milieu des danseurs ; d'où grand scandale, rixe et expulsion mouvementée.

Entre temps Musard organisait, comme je l'ai dit plus haut, des concerts à un franc la place dans le manège des écuyers acrobates rue Saint-Honoré — lequel manège après bien des avatars, a été le bal Valentino avant de devenir le Nouveau Cirque actuel — et le 11 janvier 1834, en présence du préfet de la Seine et du Préfet de Police, il y donnait avec son orchestre de concert un grand bal au profit des indigents du quartier.

Le succès de ses concerts du bal Saint-Honoré décida notre maëstro à créer, l'hiver suivant, une salle spéciale de concerts et de bals à son nom, rue Vivienne, vis-à-vis de Marquis, le doyen des marchands de chocolat.

Dans un ravissant jardin, sous un kiosque élégant, une véritable armée d'exécutants, trombones, ophicléides, plusieurs grosses caisses, déversaient sur l'auditoire des torrents d'harmonie et dans cet auditoire on pouvait reconnaître dom Pédro, empereur du Brésil ; Chodruc Duclos, dit le « Superbe » du Palais-Royal ; Hussein-dey, le dey d'Alger ; le général Allard, généralissime des armées du roi de Lahore ; Mme Laffarge, l'empoisonneuse sentimentale, et combien d'autres célébrités françaises ou étrangères, jusqu'à Paganini, qui condescendait à venir écouter racler ses obscurs confrères du violon. Dans l'intervalle des morceaux, la société se promenait autour de la salle ; des groupes se formaient et des sourires provoquants s'échangeaient, monnaie courante des jolies Parisiennes de tous les temps. Puis, quand sonnait minuit, la rue Vivienne s'emplissait du bruit des fiacres conduits par des postillons de carnaval, armés de flambeaux ; une cohue de femmes et d'hommes pêle-mêle, vêtus de costumes fantastiques, s'écrasait à l'entrée du bal. Soudain la porte s'ouvrait, alors la foule se précipitait comme un torrent dans cette

MARÉCHAL GOUVION SAINT-CYR.
*Tableau d'*Horace Vernet. *(Musée de Versailles.)*

salle qui pouvait contenir en moyenne mille personnes et où bondissaient éperdument dix mille danseurs.

C'est là que, pour la première fois, Musard eut l'idée géniale de faire briser avec fracas une chaise au beau milieu d'un galop de quadrille pour accentuer la sauvagerie de cette danse affolée. Plus tard même, rendu toujours plus audacieux par le succès de ses innovations orchestrales, il substitua au bruit de la chaise cassée la détonation d'un pistolet, jusqu'à ce qu'enfin, un soir, à un bal de l'Opéra, la décharge d'un véritable mortier, placé derrière l'orchestre, mêlât le bruit de son tonnerre et la griserie de la poudre aux cris, aux hurlements, aux trépignements de deux mille forcenés bondissant à travers la salle comme des fauves à jeun.

Pour faire suite à ses concerts d'hiver, Musard créa aux Champs-Elysées, en cette même année 1835, des concerts d'été, où on goûta beaucoup l'ingénieuse innovation d'un promenoir circulaire séparé des chaises par une barrière à hauteur d'appui ; le tout était abrité par un léger auvent que soutenaient de gracieuses cariatides de plâtre tenant chacune une lampe sur sa tête. Au centre de l'enclos se dressait l'orchestre sous un dais en forme de tente, le prix d'entrée était de un franc. Les concerts actuels des Tuileries ne sont que la résurrection des anciens concerts Musard des Champs-Elysées.

La gloire du Napoléon du quadrille, de « l'homme qui a fait danser son siècle », suivant l'expression d'Ernest Bazard, s'affirmait chaque jour davantage. Après les concerts, Musard prit la direction des bals de la Renaissance à la salle Ventadour, depuis Théâtre des Italiens.

Là furent inaugurés les bals déicocancansichicocandards, où triomphait Chicard, l'illustre Chicard, le dieu du cancan, le créateur d'une figure de Carnaval que n'eût point désavouée Callot, et qu'a immortalisée Gavarni ; Chicard, honnête marchand de cuir en dehors des heures de Bamboche et estimable porte-drapeau de la Garde nationale. Là, Musard a présidé aux triomphes de Pistolet, de Carabine, de Baïonnette, de Passe-Lacet, de Clarinette, de Mazagran et de Mogador, exquis minois de débardeuses, de pierrettes, qui s'illustrèrent dans l'art chorégraphique le moins académique qu'on pût rêver, et dont les noms à part celui de Mogador, célèbre par ses *Mémoires*, commencent à s'effacer dans la brume du passé.

Enfin nous touchons au point culminant de la resplendissante carrière de notre héros : en 1836, on lui confie la direction des bals de l'Opéra. « Musardons l'Opéra », chante l'auteur anonyme de la « Musardine Epopée », — comme il aurait dit : Sabotons l'Opéra — et au sixième chant du poème « les cancaneurs se précipitent dans l'enceinte de la salle de la rue Lepelletier : l'Opéra est conquis et le cancan se promène fièrement au milieu des quadrilles ».

Le fait est que les bals de l'Opéra, mornes jusqu'alors, et où on ne venait que tout juste masqué, deviennent des fêtes costumées d'une splendeur inouïe. Toutes les loges sont prises d'assaut, on envahit même celles du roi et du duc d'Orléans. Il y a plus de 6.000 personnes dans la salle et 2.000 à la porte, dans des costumes ahurissants ; mandarin, Tahitien, Juif errant, que sais-je..., où la fantaisie la plus débridée s'est donné carrière ; du reste, je renvoie aux exquis albums de Gavarni.

Sur une musique de bacchanales de la composition du chef d'orchestre, — on prétend qu'il eût trouvé une pastourelle dans la « Création » d'Haydn, des quadrilles dans le « Dies Iræ » et un galop dans le « Requiem » de Mozart, — se dansent des pas extravagants tels que l'avant-deux du Taureau furieux ou le pas de la Tulipe orageuse.

Il y a un certain quadrille du Chemin de Fer qui commence, nous conte Théophile Gautier, par l'imitation de ces horribles coups de sifflet qui annoncent les départs des convois ; le râle des machines, le choc des tampons, le remue-ménage des ferrailles y sont parfaitement imités, tandis que là-haut, courbé sur son pupitre, Musard, à la figure sombre et sinistre, commande à cet ouragan d'infernales sonorités.

Mais soudain l'enthousiasme est à son comble. On se précipite vers le chef d'orchestre, on l'élève sur le pavois, six des plus beaux danseurs le portent en triomphe tout autour de la salle, on le proclame chef des chefs, empereur et roi de l'orchestre, protecteur de la confédération des chicards, flambards, balochards ; son cortège se compose des princes du Carnaval : Chicard, Flambard, Balochard, Pétrin, Floumann, Le « çovage Sivilizé », Pistolet, Mousqueton, Carabine, le Commissaire, l'Andalouse, Minon-Minard, le Triton, les Débardeurs, les Titis et autres chienlits. Musard est heureux, sa triste figure s'éclaire d'un bon sourire, on dirait qu'il bénit aux applaudissements frénétiques de la salle entière.

Le succès de Musard au bal de l'Opéra dura autant que

le règne de Louis-Philippe. Il fut porté 345 fois en triomphe. Il avait composé plus de 600 quadrilles, tous plus chahuteurs les uns que les autres ; on lui avait offert une médaille avec cet exergue : « Tu règnes par l'archet comme *Il* régna par l'épée ». Et cependant, si nous en croyons Louis Huard, il ne s'en faisait point accroire, il rendait le salut à Meyerbeer, et il avait consenti à donner une poignée de main à Rossini. Il jouissait d'ailleurs, paraît-il, d'une assez triste santé : lorsque dans la nuit du samedi au dimanche il avait été honoré à l'égal d'un dieu, le dimanche et le lundi, enveloppé d'une large robe de chambre et en tête à tête avec un pot de tisane, le dieu de la veille était en proie à toutes les misères de la pauvre humanité.

Le physique peu agréable de Musard, — du moins si l'on en juge par les dessins et les caricatures de l'époque, — ne paraît pas lui avoir nui auprès du beau sexe ; car après son premier mariage en Angleterre, il eut une liaison avec Elisa Parker, la protégée d'un jour du roi de Hollande, laquelle menait un train fou grâce à la dotation qu'elle tenait des générosités de ce prince ; et enfin, en 1850, à l'âge de quarante-huit ans, il épousa une de ses voisines de la rue Lafontaine à Auteuil, Mme veuve Nicolas Conne, née Marie-Thérèse-Virginie Berthier, morte en 1878 seulement à Sainte-Périne à l'âge de quatre-vingt-cinq ans.

Comme je l'ai dit en commençant, Musard, retiré à Auteuil, fut maire de cette commune en avril 1848, après avoir été adjoint pendant une année ; il démissionna en mars 1851.

Il mourut le 30 mars 1859 en proie à des accès qui peu à peu avaient anéanti toutes ses facultés.

Lorsque je me représente par l'imagination cet homme dont Théophile Gautier disait « qu'il avait l'air de méditer une suite aux nuits d'Young ou au Tombeau d'Harvey », se levant de son fauteuil présidentiel pour déclarer à son conseil municipal, réuni autour du traditionnel tapis vert, que la séance était ouverte, j'imagine qu'instinctivement ses collègues devaient se soulever à leur tour comme pris d'envie d'exécuter un galop fou au signal de celui qui pendant vingt ans tint le sceptre des bals parisiens.

OUVRAGES CONSULTÉS POUR CET ARTICLE

Gourdon de Genouillac : Paris à travers les siècles. — Ernest Bazard : Les contemporains en pantoufles. — Théophile Gautier : Histoire de l'art dramatique en France. — Amédée Achard : Paris chez soi. — Robert Hénard : La rue Saint-Honoré. — Viremaitre : Paris oublié. — Physiologie du carnaval, par un vilain masque. — Léon Séché : La jeunesse dorée sous Louis-Philippe. — Le musée Philippon. — Vapereau : Dictionnaire des contemporains. — Bulletin de la société historique d'Auteuil et de Passy. — Vicomte de Launay (Mme Émile de Girardin) : Lettres parisiennes. — Louis Huard : Le bal Musard. — Satan : Le carnaval à Paris.

LE RESTAURANT GILLET

A LA PORTE MAILLOT

LE RESTAURANT GILLET

A LA PORTE MAILLOT

Lorsque vous entrez dans Neuilly par l'avenue de la Grande Armée après avoir heureusement évité tramways, autobus et taxi, après avoir dépassé d'un côté les architectures nougat-pistache de Luna-Park, de l'autre les chaînements circulaires du tramway de Saint-Cloud, pour peu que vous leviez le nez en l'air, aussitôt franchie la grille de l'octroi, vous ne pouvez pas ne pas remarquer la maison qui fait le coin de l'avenue de Neuilly à gauche. Seize gigantesques lettres d'or la coiffent comme d'un diadème et se détachent éclatantes sur les ciels empourprés du couchant. Vous y lisez : *Restaurant Gillet*.

Saluez bien bas, car vous avez devant vous un des plus anciens établissements gastronomiques de la banlieue de Paris.

Maintenant transportez-vous par la pensée de cent dix-sept ans en arrière, au mois de septembre 1796, et imaginez la physionomie que pouvait avoir à cette date la Porte Maillot avec les terrains environnants que le

Domaine mettait en vente à l'adjudication comme biens nationaux, exactement le 23 fructidor an IV.

Je dis : la Porte Maillot ; entendons-nous bien. Il existe sur ce nom de la Porte Maillot une confusion regrettable dans l'esprit du public. On s'imagine à tort que la grille actuelle, placée en travers de l'avenue de Neuilly et flanquée des affreuses baraques de l'octroi est la Porte Maillot. Pas du tout... c'est la porte de Neuilly ! La Porte Maillot, elle, donne accès dans le Bois de Boulogne à l'entrée du Boulevard Maillot, juste dans le prolongement de l'avenue de la Révolte. D'ailleurs la porte de Neuilly n'existe là que depuis 1878. Lorsque Paris s'est annexé les communes d'Auteuil, de Passy, et le village des Ternes en 1859, la porte de Neuilly — on l'appelait justement alors la « barrière de Neuilly » — était placée tout en haut des Champs-Elysées en avant de la place de l'Etoile. On la reporta à ce moment-là au carrefour Maillot à la hauteur des fortifications. Puis, après la guerre, la ville de Paris, pour englober le Bois de Boulogne dans l'enceinte de l'octroi, acheta en 1878 tous les terrains qui se trouvaient à gauche entre la grille de l'octroi et la vraie Porte Maillot, sur lesquels s'élevaient avant 1870 la villa Nova, la villa du Bois ainsi que la parfumerie Gellé, toutes rasées par le génie militaire au moment du siège. Elle fit sur ces emplacements des plantations d'arbres de façon à prolonger le Bois jusqu'aux fortifications, et la grille de l'octroi fut reportée à la route de la Révolte, là où elle est actuellement.

La Porte Maillot, elle, n'a pour ainsi dire jamais changé de place depuis cinq siècles ; on l'a seulement avancée ou reculée de quelques mètres à différentes époques et, jusqu'à l'ouverture de l'avenue de l'Impératrice — aujourd'hui l'avenue du Bois, — elle a toujours été la principale entrée du Bois de Boulogne du côté de Paris.

A l'époque de la Révolution il n'y avait donc pas la moindre grille qui obstruât la belle perspective de l'avenue de Neuilly depuis le rond-point de l'Etoile jusqu'à la Seine. En descendant de l'Etoile, l'avenue était bordée à droite d'enclos dépendant du village des Ternes, à gauche s'étendait la plaine de Chaillot. Un peu avant d'arriver au Bois de Boulogne on rencontrait, toujours à gauche, un long mur qui venait de la Muette et filait parallèlement au mur du Bois ; c'était le petit clos de la Faisanderie de la Muette, planté d'arbres fruitiers.

Aux approches de la Porte Maillot ce mur faisait place à trois maisons groupées à gauche de la grille, l'une occupée par le sieur Jourdan, garde du Bois, une autre par la veuve Verderbruck, et la troisième par le sieur Benoît marchand de vins, traiteur. A droite, une seule maison, la maison du Sieur Beauvilliers, en même temps traiteur et portier du Bois de Boulogne. Il avait succédé comme portier à un nommé Joubelle de la Gravière, successeur de Guillaume Dolot, successeur lui-même du sieur de la Billarderie, avant 1717. L'établissement de Beauvilliers allait devenir sous peu le restaurant Gillet.

L'ancienne Porte Maillot, qui était en pierres et autour de laquelle on s'écrasait les jours de revues ou de courses dans la plaine des Sablons, avait été remplacée en 1779 par trois belles grilles de fer dessinées par Coustou. Ces grilles étaient un peu en retrait de l'avenue de Neuilly et s'appuyaient sur la maison du traiteur Benoît à gauche, et sur l'établissement Beauvilliers à droite. Lorsqu'on les avait édifiées, il avait fallu démolir tout un bâtiment à droite pour agrandir les trois entrées et on en avait reconstruit un nouveau, qui se composait d'une cuisine, d'une chambre et d'une salle pour les officiers — car c'était une espèce de corps de garde — contigu à une petite chapelle bénie en 1701 par le vicaire du cardinal de Noailles, le tout en façade sur l'avenue de Neuilly. C'est ce bâtiment qu'occupa plus tard Beauvilliers.

Le 23 fructidor an IV, il fut acheté nationalement, en même temps que le petit clos de la Faisanderie, par Claude-Henri de Saint-Simon, le futur créateur de la fameuse doctrine saint-simonienne, dont se réclame le syndicalisme actuel. Saint-Simon était pour lors un simple spéculateur de biens nationaux, associé avec le comte Redern de Berndorf, d'origine allemande, qui avait épousé une demoiselle de Montpezart d'origine italienne et habitait la Normandie. Le comte Redern fourra dedans son associé tant et si bien qu'il finit par devenir seul propriétaire desdits biens nationaux achetés en commun avec Saint-Simon aux alentours du Bois de Boulogne.

Ce n'était pas trop de deux restaurants à la principale entrée du Bois ; la place était bonne et la clientèle nombreuse, composée surtout de gens riches, à en juger par la qualité des vins que le sieur Benoît avait dans ses caves en 1793 : Pommard, Chablis, Château-Laffitte, vins du Rhin et de Champagne, etc. De même pour Beauvilliers, à propos duquel on lisait dans le « Péruvien de Paris » : « Ce traiteur est le rendez-vous des hommes nouvellement opulents ; on y voit journellement des fêtes et des festins splendides. Les orgueilleux sybarites viennent dans ce lieu pour promener leurs ennuis, leurs chevaux et leurs maîtresses. »

Ce qui n'empêchait pas notre traiteur de se faire mettre à l'amende par le juge de paix de Clichy pour avoir ensemencé en fraude dans la portion droite de la contre-allée de la demi-lune de la Porte Maillot — considérée comme voie publique — de l'orge destinée, j'imagine, à nourrir les chevaux et les ânes qu'il louait aux amateurs d'équitation sylvestre : il n'y a pas de petits profits pour un restaurateur !

Beauvilliers a dû céder son restaurant à Gillet vers la fin du Premier Empire ou le commencement de la Restauration, car lorsque le comte de Redern vendit en 1818 l'immeuble à Casimir Périer, futur ministre de Louis-Philippe, alors banquier rue du Luxembourg, pour la somme de 45.000 francs, Gillet y était installé. Le restaurant avait eu déjà à cette époque son heure historique, en 1815, au moment de la capitulation de Paris. Un officier du 5e hussards a conté dans ses notes de route, recueillies par la « Revue Rétrospective », que durant la nuit du 4 juillet il montait une grand'garde à la Porte Maillot, après avoir, dans la soirée même, cédé le passage du pont de Neuilly aux Anglais ; que les vedettes anglaises étaient à cinquante pas des sentinelles françaises et qu'il était deux heures du matin au moment où les commissaires français, anglais et prussiens se réunirent chez le restaurateur de la Porte Maillot pour régler les derniers détails de la suspension d'armes avant l'entrée des Alliés à Paris.

Donc en 1818 Casimir Périer devenait propriétaire du restaurant Gillet. Ce fut l'époque de la plus grande vogue de l'établissement. Les paisibles bourgeois y venaient le dimanche se régaler avec leur famille. Tandis que les jeunes filles, sous l'œil vigilant des mères, jouaient aux grâces ou aux quatre coins, les garçons dénichaient des nids ou bien enfourchaient des ânes loués à l'heure chez la mère Benoist au café du Kiosque — sur l'emplacement du café du Touring actuel, — et, jambes pendantes, au trot ramassé de leurs paisibles montures ils suivaient humblement l'allée des Érables, qui longeait à l'intérieur le mur du Bois entre la Porte Maillot et la porte des Sablons, laissant aux cavaliers fashionables montés sur des pur-sang anglais et aux élégantes en briska la route plus large d'Armenonville, cependant que les amoureux s'isolaient du côté de la mare d'Auteuil. Et le « Chansonnier joyeux du Palais-Royal » chantait en des couplets pleins de sous-entendus gaillards :

> Dans le Bois de Boulogne,
> La nature, au printemps,
> Nous met tous en besogne
> Sur les gazons naissants.

Mais soudain un groupe de messieurs corrects entre chez Gillet, soutenant un jeune homme très pâle qui porte un bras en écharpe et dont la chemise est tachée de sang ! Un duel vient d'avoir lieu dans une clairière près de l'allée Fortunée ; il y a eu heureusement plus de peur que de mal et les adversaires vont se réconcilier autour d'un bon déjeuner. Parfois, comme pour le duel de Chodruc-Duclos avec Hubbi, ce sont les garçons même de Gillet qui servent de témoins. Quand les duellistes, au sortir du Bois, ne s'arrêtent pas à la porte du joyeux restaurant, c'est qu'il est arrivé malheur à l'un d'eux, comme dans le duel au sabre Pierrebourg-Saint-Aulaire ou dans la rencontre Dujarrier-Beauvallon, qui fut suivie d'un procès retentissant où témoigna Alexandre Dumas.

Le 26 mars 1838 M. Gilbert Devillers, qui avait épousé la fille du restaurateur Gillet et succédé à son beau-père, achetait aux héritiers de Casimir Périer la maison, ses dépendances et les terrains autour, pour la somme de 70.000 francs ; achat 45.000, revente 70.000 francs au bout de vingt ans, l'opération avait été des plus fructueuses pour les Casimir Périer.

Vingt ans plus tard, une seconde génération de Devillers, les Edmond Devillers, prenait la place des parents au restaurant de la Porte Maillot. La maison se composait à ce moment-là de trois corps de bâtiments : l'un, l'habitation principale donnant sur l'avenue, avec porte d'entrée vitrée et douze fenêtres de façade ; contre le pignon de ce bâtiment était appuyée la petite grille d'entrée de la Porte Maillot. Le second corps de bâtiment, établi en aile sur le Bois, était élevé d'un étage ; et le troisième faisait face au Bois, parallèlement à l'avenue de Neuilly, mais très en retrait. De sorte que l'ensemble des bâtiments ressemblait assez à un Z dont le jambage du milieu aurait été droit au lieu d'être incliné.

A cette époque, en 1856, Mme Hamelin, femme d'un ancien militaire garde-chef du Bois, louait des ânes et des chaises derrière le restaurant Gillet et Mme Benoist-

Delafosse avait installé au café du Kiosque, fondé par sa mère, un jeu de bagues avec manège de chevaux de bois, probablement comme dans les Champs-Elysées.

C'était le temps où Auber, après avoir cavalcadé le matin dans les allées du Bois, s'arrêtait fréquemment à déjeuner chez Gillet pour y commander une « côte de mouton pannée », restée célèbre dans les fastes culinaires de l'établissement et peut-être écrivit-il sur un coin de la table du restaurant quelques-uns des plus gracieux motifs du Domino Noir, des Diamants de la Couronne ou d'Haydée, qui lui avaient chanté dans la tête en galopant sous les feuillées. C'était le temps où lord Seymour, qui avait ses écuries tout près, route de la Révolte, venait en voisin s'y restaurer et s'y reposer de ses orgies carnavalesques.

Pendant le second Empire les cocodettes et les petits crevés mirent à la mode les dîners tardifs dans les restaurants du Bois et surtout chez Gillet.

Devant la vaste cheminée de la cuisine, du matin au soir, tournaient des chapelets de poulets à la broche et le grand plaisir des belles petites dîneuses aux talons et aux cheveux dorés était de pénétrer, jupes retroussées, dans la cuisine, de s'approcher de la cheminée, d'y choisir le poulet qu'elles comptaient manger tout à l'heure et, pour qu'il n'y eût pas de confusion possible sur le volatile choisi, de lui nouer elles-mêmes aux pattes un ruban de soie..., au milieu de quels éclats de rire !

Chez Gillet aussi se donnaient des repas de noces : à ce propos, mon cher maître et ami Georges Cain me contait un souvenir de son enfance ; en 1864, son grand-père, le sculpteur Mène, l'avait emmené chez Gillet voir un vieil

L'ASSEMBLÉE AU SALON.
D'après le dessin de LAVREINCE.

ami à lui, Hippolyte Bellangé, le peintre des batailles du Premier Empire, Fleurus, la Moskowa, etc... qui se mourait et qui avait loué là une chambre pour « être à la campagne ». Comme Mène s'étonnait qu'il eût choisi un endroit aussi bruyant : « Je suis venu me loger dans un restaurant pour noces, lui répondit Bellangé, blagueur incorrigible, parce que j'ai, malgré tout, du plaisir à l'entendre, maintenant que je ne puis plus la faire. » Un autre locataire de la maison Gillet était Ernest Doré, le frère du grand dessinateur Gustave Doré ; les deux Alexandre Dumas, qui tour à tour séjournèrent à Neuilly, y eurent souvent leur table retenue.

Vint la guerre de 1870, adieu festins, noces, chansons, parties d'ânes et parties fines ! Le lendemain de la désastreuse sortie de Buzenval, quelques jours avant la capitulation de Paris, Ducrot établit son quartier général au restaurant Gillet. Pendant la Commune ce fut miracle si l'immeuble échappa au terrible bombardement que le Mont Valérien dirigeait nuit et jour contre la Porte Maillot. Après la guerre, l'ancien établissement du traiteur Beauvilliers connut encore de beaux jours. Paul Legrand et Montrouge, l'ex-directeur des Folies Marigny, y fondèrent le joyeux dîner des Pierrots, dont Clairville, Alexandre Flan, Charles Monselet étaient les convives assidus, et, après eux, Burani, Coquelin cadet, les frères Régamey. Au dessert on ouvrait le piano et Theresa chantait ses plus savoureuses chansons. Armand Silvestre consacre un chapitre de ses *Souvenirs* à ce dîner des Pierrots, où Montrouge, au centre d'un côté de la table, agitait un grelot, tandis que l'exquise Colombine,

Mme Macé, de l'autre, percevait dans un bol d'argent les amendes encourues par les dîneurs qui avaient risqué des mots légers. Car la grivoiserie y était obligatoire mais non gratuite : on avait trouvé ce moyen aussi délicat qu'ingénieux pour venir en aide aux artistes pauvres, en faisant de l'esprit.

Actuellement, à l'heure où j'écris ces lignes, le restaurant Gillet est toujours debout, avec cette seule différence qu'aujourd'hui il n'a plus sa façade sud donnant sur le Bois de Boulogne et que la grille de la Porte Maillot ne s'appuie plus contre ses bâtiments ; il est séparé du Bois et de la Porte Maillot par le boulevard Maillot ; — l'enceinte du Bois a été reculée en 1853 et le boulevard Maillot occupe à peu près l'emplacement de l'ancienne allée des Erables. Toujours prospère, toujours fréquenté par les dîneurs joyeux, toujours dirigé par un Devillers, digne descendant des Gillet, des Gilbert et des Edmond Devillers, le vieil établissement brave les années et, robuste centenaire, se rit des prophéties de malheur qui lui prédisent une mort prochaine lors de la suppression des fortifications. Qui vivra verra ! Il en a vu bien d'autres : quatre révolutions, trois invasions, trois règnes, deux empires, trois républiques..., cela commence à compter ! Il est peut-être d'ailleurs, aux portes de Paris, le dernier restaurant existant, où nos pères et nos grands-pères ont aimé, bu et chanté, comme on aimait, comme on buvait et comme on chantait au siècle dernier.

OUVRAGES CONSULTÉS POUR CET ARTICLE

J. Rosny : Le Péruvien à Paris, an IX. — Nouvelle revue rétrospective, tome XIII. — Les duels et amours du Bois de Boulogne. — Archives nationales O^1 1581. — Archives de la Seine, Domaine 1688. — Paris chez soi. — Papiers de la famille Devillers déposés dans l'étude Ancelle, aujourd'hui Michelet, notaire à Paris. — G. d'Heilly : Journal d'un habitant de Neuilly pendant la Commune. — Barras : Le Bois de Boulogne. — Bulletin de la Commission historique de Neuilly, 6e année. — Armand Silvestre : Au pays des souvenirs.

UN AMBASSADEUR TURC

A BAGATELLE

UN AMBASSADEUR TURC

A BAGATELLE

Lorsqu'on évoque le passé de Bagatelle, l'imagination se reporte immédiatement au temps où le séduisant comte d'Artois en faisait les honneurs à sa royale belle-sœur, Marie-Antoinette. Pourquoi donc ne cherche-t-on pas aussi à se représenter Bagatelle à cette étonnante époque du Directoire où Lhéritier, Glonteau, Coste et Saucède, entrepreneurs de divertissements publics, en avaient fait le brillant rendez-vous des merveilleuses à perruques rousses et des incroyables à oreilles de chien, qui arrivaient vers quatre heures, elles en cabriolets ou en wiskis, eux caracolant sur les chevaux que la République fournissait, pour son service, au Directoire. Tout ce monde élégant s'installait à déguster les glaces de Garchi sur la terrasse ou s'égarait dans les jardins sous prétexte de voir partir des montgolfières, de contempler les feux d'artifice et les illuminations, ou encore papillonnait dans les salons transformés en salles de bal que l'administration peuplait de figurantes payées pour danser. Et la soirée passait à papoter, à conspirer, à s'aimer, à se quereller, à se raccommoder en grasseyant « adoablement » et en jurant « sa paole d'honneu » à propos de tout et à propos de rien.

Le 1er août 1797, une affiche apposée sur les murs de Paris, mit en émoi les habitués de Bagatelle. Cette affiche était ainsi rédigée :

Bois de Boulogne. — Fête à Bagatelle.

« Aujourd'hui, 14 thermidor (1er août pour vous servir), illumination, bal à grand orchestre, bouquet d'artifice. Prix du billet : 3 francs. La route sera éclairée pour le retour par des réverbères placés dans le bois. »

« *Nota.* — La fête orientale aura lieu au jour arrêté par l'Ambassadeur ottoman. »

Or c'était la « note » à propos de la fête orientale qui agitait si fort muscadins et merveilleuses, car en ce moment tout Paris n'avait d'yeux que pour l'ambassadeur ottoman. Il était la coqueluche du jour, le maître de l'heure, on se bousculait pour le voir, on s'écrasait pour l'approcher et dans tous les endroits publics qu'il daignait honorer de sa présence il faisait le maximum.

Le représentant de la Sublime Porte s'appelait Esseid Ali Effendi. Il pouvait avoir une quarantaine d'années ; de grands yeux intelligents éclairaient sa figure mince qu'allongeait encore une barbe noire taillée en pointe ; l'expression de sa physionomie était douce et empreinte de dignité, sans être belle ; il était de taille moyenne, et avait beaucoup d'aisance dans les manières qui n'étaient pas exemptes d'une pointe d'afféterie.

L'ambassadeur turc avait débarqué à Marseille le

13 mai ; le ministre de l'Intérieur était allé le recevoir à son arrivée et lui faire prendre patience pendant la quarantaine obligatoire en lui procurant du tabac râpé, du thon mariné, du Yougourt (lait caillé à la turque), des anchois et des journaux. On avait décidé qu'il habiterait à Paris, rue Saint-Dominique, le splendide hôtel de la ci-devant princesse de Monaco, construit par Brongniard, utilisé jusque-là pour les services du ministère de l'Intérieur. Cet hôtel est aujourd'hui la propriété de la duchesse de Talleyrand et Sagan.

Il y arriva le 13 juillet, à une heure de l'après-midi, passa en revue sa garde d'honneur de cent hommes, rangée dans la cour devant le perron aux hautes colonnes formant péristyle ; puis, il disparut dans les appartements, tandis que la foule, qui l'avait escorté depuis Villejuif, s'écrasait aux grilles du jardin donnant sur le cours des Invalides pour essayer de l'apercevoir encore.

Dès lors, l'existence de l'Effendi ne sera plus qu'une fête perpétuelle, il va se trouver entraîné dans un tourbillon fou de plaisirs mondains, avec, pour escorte, un essaim de jolies Parisiennes mendiant le moindre de ses sourires à défaut de plus spéciales faveurs et une troupe d'entrepreneurs de fêtes publiques s'aplatissant devant lui pour obtenir qu'il fasse une apparition dans leurs établissements.

Quatre jours après son arrivée, première sortie dans Paris, pour aller voir le jardin Monceau, admirer son portique chinois, ses pagodes, ses ruines du temple grec, s'intéresser à son jeu de bagues, à son moulin à vent, et à sa vigne à l'Italienne.

Assis gravement sur un banc, Esseid Ali a fumé devant un cercle de curieux sa pipe de deux pieds de long ; au coucher du soleil, il a fait sa prière, prosterné sur le gazon, la face tournée vers l'Orient. Il sait à peine quelques mots de français ; mais le peu qu'il en sait : « joli... charmant... bonsoir » ; ses gracieux sourires, ses œillades suggestives, ses gestes aimables pour inviter à s'approcher, ont suffi pour lui conquérir d'emblée la sympathie des dames ; il a achevé de leur tourner la tête en leur offrant des glaces et en faisant brûler sous leur nez des pastilles du sérail ; aussi toutes sont prêtes, au premier signe, à se laisser tomber dans ses bras, d'autant qu'il court sur les vertus de cet infidèle des histoires à faire rêver les moins rêveuses : les travaux d'Hercule ne seraient pour lui que simples jeux d'enfants.

La réception officielle et solennelle de l'ambassadeur du Grand Turc par le Directoire eut lieu le 10 thermidor (29 juillet), à quatre heures de l'après-midi, dans la cour du Palais du Luxembourg transformée en salle des fêtes. Son Excellence, revêtue d'une robe violette, bordée d'hermine à manches rabattues, coiffée d'un turban vert garni de mousseline blanche, chemina par les rues de la capitale, montée sur un cheval recouvert d'une magnifique housse brodée d'or et tenu en main par un soldat turc ; son carrosse suivait.

Une clameur : le voilà ! Salve d'artillerie, batterie aux champs. L'ambassadeur s'avance ; présentations ; il prend place sur l'estrade aux côtés du Directoire.

Les élèves du Conservatoire chantent une hymne à la Liberté ; un orchestre joue le Chant du Départ ; resalutations ; c'est fini ! Retour au milieu d'une cohue indescriptible; l'Effendi ayant eu l'idée de jeter des pièces de monnaie au peuple, peu s'en fallut qu'on ne le portât en triomphe.

Le lendemain, la presse de l'opposition blaguait cette réception quasi-royale :

On fit des vers :

> Nos Brutus, ci-devant Français,
> De l'ambassadeur turc assurent le succès,
> Pourquoi ? C'est qu'il comprit, au pied du nouveau trône,
> Que ces républicains en étaient à l'aumône.

Quant à la *Quotidienne*, elle écrivait « qu'il avait visité tous les baladins et que Ruggieri (le propriétaire du jardin d'Idalie) était jaloux qu'il eût commencé par le Directoire ».

A la suite de cette réception solennelle, Talleyrand offrait, le soir même, à l'hôtel du ministère des Relations Extérieures, rue du Bac, un dîner d'apparat à l'ambassadeur turc. C'étaient beaucoup de solennités officielles en un jour ; aussi, pour faire diversion, ce dernier se fit-il conduire avec sa suite, en sortant du ministère, directement au bal paré que le théâtre de l'Odéon donnait en son honneur.

Ici, changement de décor, galant coup d'œil sur les épaules et les nuques des femmes presque toutes en blanc, aussi peu vêtues que possible. Entrée sensationnelle de Mme Tallien costumée à la turque et coiffée d'un turban, « délicieuse », ce qui lui vaut de grandes salutations de la part d'Esseid Ali : mais, hélas ! son triomphe est éphémère ; voici qu'apparaît Mlle Lange, habillée à la française, toilette très simple, mais parée de tous ses diamants. Et alors le bon Effendi de saluer encore plus profondément la nouvelle venue qui, visiblement, l'impressionne, et de murmurer dans son langage franco-turc : « Lange... il est fort beau ! »

Le lendemain soir, on le retrouve à l'Elysée Bourbon, dans les jardins d'Armide ; assis sur une terrasse, à la mode orientale, au milieu des femmes les plus élégantes, il agite lentement son éventail de la main gauche, tient sa longue pipe de la main droite et semble rêveur. Mme Tallien, assise près de lui sur son ottomane, avale courageusement la fumée de sa pipe en même temps qu'une glace offerte par sa seigneurie et elle recueille de sa bouche cette phrase lapidaire, qui veut être un compliment : « Beauté ... publique ».

Il est allé trois fois aux jardins de l'hôtel Biron, où on a payé jusqu'à 4 livres d'entrée pour le contempler. Le 3 août, à Tivoli, il a lancé lui-même un ballon perdu, à son effigie. L'établissement a fait 4.000 livres de recettes dans cette seule soirée.

Il a assisté à la représentation du « Déserteur » et du ballet de « Psyché » au théâtre Feydeau. Vestris, le dieu de la danse, l'a enchanté. En revanche, « Iphigénie en Tauride » l'a ennuyé considérablement. Au théâtre des Jeunes Artistes, on a chanté des couplets en son honneur, ce qui a déplu au Gouvernement.

Aux bosquets d'Idalie, il a fallu le faire promener entre dix fusiliers pour éviter que la foule ne l'écrasât.

Les entrepreneurs de Tivoli sont venus le supplier d'assister à une fête dans leurs jardins, où il mettra lui-même le feu à un pavillon qui s'éclairera en deux secondes de trois mille lumières.

Mais le Turc a fait répondre : « Pour le feu, je ne veux pas m'en mêler ! Un pan de mon manteau a été brûlé à Idalie. »

Concert à Feydeau, réception par Benezech à sa campagne et repas servi sous une tente ; à Versailles, les grandes eaux ont fonctionné en son honneur : c'est la première fois depuis la Révolution.

Il a assisté aux courses à pied du Champ-de-Mars, monté sur l'estrade à côté des juges.

Enfin nous retrouvons notre ambassadeur, parisianisé maintenant jusqu'aux moelles, à cette fête donnée pour lui dans le délicieux décor de verdure de Bagatelle. Chose étrange, tandis qu'il se parisianisait avec conviction, les Parisiennes, elles, semblaient s'ottomaniser avec non moins d'énergie ; tout, dans leur toilette, était à la turque, depuis le turban, en ce moment l'unique coiffure admise, jusqu'aux souliers rouges, semblables à ceux de l'Excellence, sans oublier l'éventail à son effigie. Et l'on avait peine à reconnaître sous leurs costumes d'odalisques, Mmes de Noailles de Fleurieu, Tallien, Récamier, de Grandmaison, de la Rue-Beaumarchais, de Rémusat, de Nicolaï, de Valence, etc., toutes empressées autour de l'Effendi qui paraissait trouver tout naturel que tant de jolies femmes se déclarassent folles de lui.

Cette fête de Bagatelle fut un des derniers jours de triomphe de l'ambassadeur turc. Paris s'était trop engoué de lui pour que son succès fût durable. Il avait été une mode, il passa comme passent les modes, sans raison, du jour au lendemain, définitivement. Dès le mois de septembre, il ne faisait plus recette ; l'hôtel de Monaco cessa d'être le rendez-vous des badauds qui acclamaient l'ambassadeur dès qu'il mettait le nez dehors. Bientôt, il put aller et venir, en toute liberté, sans qu'on fît plus attention à lui qu'au premier passant venu : la turcomanie avait vécu, elle n'amusait plus personne.

Il resta cinq ans à Paris, y fut retenu comme otage pendant l'expédition d'Egypte, eut des difficultés d'argent avec les sujets musulmans de l'ambassade, qui se dénouèrent devant le juge de paix de son arrondissement ; enfin, de Constantinople, on lui expédia un successeur et le 14 juillet 1802, il quittait la France, sans tambour ni trompette, en laissant comme souvenir un shall à Mme Bonaparte.

Personne ne s'aperçut de son départ et jamais depuis il ne fut plus question d'Esseid Ali Effendi, ambassadeur de la Sublime Porte, qui avait été un moment la coqueluche des merveilleuses de Bagatelle.

OUVRAGES CONSULTÉS POUR CET ARTICLE

Mercier : Nouveau Paris. — Aulard : Paris, sous le Directoire. — Duchesne : Histoire de Bagatelle. — Ch. Yriarte : Bagatelle. — De Goncourt : La société française sous le Directoire. — A. Bourgeois : Un roman de Mme Tallien. — Maurice Herbette : Une ambassade turque sous le Directoire. — Sciout : Le Directoire. — Dry : Soldats et ambassadeurs sous le Directoire.

LE CONVENTIONNEL LOFFICIAL

A PASSY

MADAME DE GENLIS, A VINGT-CINQ ANS.
Dessin de. Devéria.

LE CONVENTIONNEL LOFFICIAL

A PASSY

L'immeuble connu pour avoir été le cabinet de physique de Louis XV à la Muette, à l'angle des rues de la Pompe et de Passy, qui vient de disparaître emporté par les travaux du Métropolitain, était habité au commencement de l'année 1796 par un ménage de nouveaux mariés. Ils vivaient très reculés dans ce coin de banlieue, tout entiers aux tendresses de la lune de miel. Chaque jour, le mari, un homme de quarante-cinq ans, à la physionomie intelligente, pas beau pourtant avec son nez retroussé, son front fuyant et ses yeux à fleur de tête — « c'est un veuf remarié », affirmaient les commères du voisinage — se rendait à Paris dans une modeste voiture attelée d'un petit cheval, et sa femme, une Belge, fille et sœur d'armateurs, les Daubrené, restait à attendre le bien-aimé dans la vieille demeure qu'elle avait achetée des sœurs Lepelletier le 19 prairial de l'année précédente, de moitié avec son frère.

Quant au mari, qui avait nom Louis-Prosper Lofficial, il passait ses après-midi au Manège des Tuileries, où siégeait le conseil des Cinq-Cents dont il faisait partie comme député de Seine-et-Oise. Le hasard des combinaisons électorales l'avait seul fait choisir cette circonscription, car il n'y avait aucune attache, ni aucun intérêt.

Angevin pur sang, né à Montigné sur les confins de l'Anjou et du Poitou, il appartenait, par sa famille, par sa situation, par sa fortune territoriale, à cette région bocageuse qui fut le foyer et le théâtre des guerres de Vendée. En raison des traditions de race dans lesquelles il avait été élevé, il aurait dû être chouan dans l'âme, les événements — ô ironie — en firent un conventionnel.

Il avait succédé à son père comme sénéchal bailli de robe longue et exerçait ses fonctions à la Châtaigneraie en Poitou lorsque ses administrés le désignèrent pour aller siéger sur les bancs du Tiers, aux Etats Généraux de 1789.

Monsieur le sénéchal était alors marié en premières noces avec une demoiselle Chouteau de Cholet et avait une fille et un fils.

Voilà donc notre bourgeois campagnard, pratique, économe, méthodique, méticuleux même, transporté, comme par un coup de baguette magique, du grand calme de son petit trou de province en pleine agitation politique de Versailles. Il s'est logé rue des Bourdonnais pour 45 livres par mois, se nourrit pour un écu par jour et espère que son absence ne durera guère que quelques semaines ; aussi il a laissé sa femme et ses enfants au pays poitevin — heureuse circonstance pour ses descendants, car pendant cette séparation il écrira fréquemment à sa femme et grâce à cette correspondance (actuellement en leur possession) il leur sera donné de pénétrer dans la vie intime de l'aïeul ; ils liront le récit si simplement écrit, sans aucune prétention épistolaire, mais si palpitant dans sa simplicité des grands événements de la Révolution dont Lofficial fut le témoin et même l'acteur. Et ce qui donnera à son récit plus de saveur encore, c'est qu'il sera pittoresquement entremêlé de conseils « à sa chère amie » sur les soins à donner à sa bibliothèque, à son jardin, à la perception de ses fermages, à l'achat d'une barrique de vin, le tout relevé de quelques sages préceptes pour l'éducation de ses enfants et de quelques avis précieux touchant les toilettes de Madame, d'après ce qu'il aura remarqué qui se portait le plus à Paris. Aussi, lorsqu'on lit sa visite au roi dans le Palais de Versailles envahi le matin du 6 octobre, la reine et les princesses en pleurs dans une embrasure, puis le terrible retour à Paris, les femmes insultant la reine qui se rejetait dans le fond de sa voiture en poussant les hauts cris, on sent que ces pages d'histoire vécue ont été écrites encore sous le coup de l'émotion de la veille.

La correspondance n'a duré malheureusement que six mois, au bout desquels Mme Lofficial, fatiguée d'attendre au pays le retour du député, prit le parti d'aller le rejoindre à Paris avec ses enfants. La famille était logée rue Dauphine à l'époque de la Fédération de 1790. Il paraît que, pour paraître avantageusement à cette fête, Madame fut obligée de passer la nuit assise, toute droite, dans une chaise — le coiffeur débordé de clients était venu la coiffer la veille.

Réduit durant l'Assemblée Législative à accepter le poste de juge au Tribunal de Parthenay, l'ancien constituant se morfondit dans l'inactivité de la vie provinciale ; les grandes agitations politiques lui manquaient. Aussi, comme il s'était, petit à petit, laissé conquérir aux idées démocratiques, lorsque se firent les élections à la Convention Nationale, il n'hésita pas à se présenter et fut élu... Voici de nouveau la famille Lofficial à Paris, installée rue Saint-Nicaise, pas loin des Ecuries du roi. Or un terrible événement se prépare, le procès de Louis XVI. Nous allons voir comment Lofficial joua dans cette affaire son bout de rôle d'homme de cœur, très simplement et très courageusement.

Les débats touchaient à leur fin ; le malheureux monarque venait d'être condamné à mort et on était à l'heure angoissante de l'appel nominal pour savoir si l'on exécuterait immédiatement la sentence où s'il y aurait un sursis à l'exécution. Le député des Deux-Sèvres, qui s'est prononcé pour le bannissement, contre la mort, entend dire à ses collègues qu'il s'en faut de quelques voix seulement que la majorité soit acquise en faveur du sursis. Soudain il songe : « Mais mon ami Duchatel, qui est retenu à la chambre par un érésipèle, voterait pour le sursis si on allait le chercher ; j'y cours ». Le temps de prendre une voiture, il est chez Duchatel et le ramène à la Convention. Lorsque ce dernier s'avance pour voter, la tête enveloppée de linges, les Montagnards s'écrient :

— Qui est-ce qui a été chercher ce spectre pour sauver le tyran ?

— Moi, réplique fièrement Lofficial en se levant de son banc.

Heureusement tout un groupe de ses voisins s'est levé

en imitant son mouvement et le geste n'a pas été vu de la Montagne; sans cela, il lui en aurait coûté la vie comme au malheureux Duchatel qui, lui, paya de sa tête sa rentrée sensationnelle à la Convention.

Ce fut vers la fin de cette année 1793 que Lofficial perdit sa femme, malade depuis longtemps. Il envoya sa fille à Nantes et demeura seul avec son fils à Paris pendant cette tragique époque de la Terreur où, comme bien d'autres députés, notre héros « se contenta de vivre »... et parfois aussi de sauver la vie des autres. Je n'en veux pour exemple que son intervention auprès de Couthon en faveur de son compatriote et ami Berthélemy, ancien bibliothécaire du Temple, lequel avait eu la fâcheuse idée d'attirer l'attention sur lui en réclamant son mobilier illégalement saisi par la nation pour l'usage de la famille royale pendant sa détention dans la tour. Ce mobilier qui, grâce à la générosité de Mme Blavot, petite-fille de Berthélemy, figure aujourd'hui en grande partie au musée Carnavalet, Lenotre nous en a conté l'histoire tout au long avec son talent d'érudit, d'humoriste et de charmeur dans ses « Vieilles maisons, vieux papiers ».

Aux derniers jours de la Terreur, Lofficial, craignant d'être arrêté, ne couchait plus à son domicile officiel de la rue Neuve-Saint-Eustache. Il s'était réfugié dans une petite chambre derrière Saint-Roch, avec son fils. Le soir, le jeune homme installait sa paillasse en travers de la porte. Son père lui donnait un de ses pistolets en lui disant :

« Je garde l'autre ; si on vient m'arrêter, j'essaie de me tuer, mais si je me manque je t'ordonne de m'achever : je ne veux pas monter vivant sur l'échafaud. »

Heureusement, le 9 thermidor survint avant que Lofficial eût été décrété d'arrestation. Cependant, en Vendée, là-bas dans le pays de notre député, la lutte entre royalistes et républicains, engagée depuis plus d'un an avec de brillants succès d'abord à l'actif de l'armée catholique et royale, avait pris un caractère de violence et de sauvagerie vraiment effroyable depuis que la déroute de Savenay avait assuré la victoire des armées républicaines et réduit les chouans au désespoir. La Convention avait décrété « qu'il n'y avait plus de Vendée » et ses proconsuls, dans l'ouest, Carrier, en tête avec ses tueries et ses noyades, procédaient méthodiquement à la ruine de cette malheureuse région.

Dès que la réaction thermidorienne eut dissipé le terrible cauchemar dans lequel vivait la France entière, des voix s'élevèrent au sein même de la Convention pour dénoncer les atrocités qui se commettaient en son nom en Vendée et à Nantes. De toutes ces dénonciations indignées la première fut portée par Lofficial contre Carrier, dans la séance du 8 vendémiaire an III; et, tandis qu'il faisait à la tribune le récit des « mariages républicains », des condamnations d'enfants de quinze ans, des massacres de toute une population d'une commune, commandés par Carrier, ce dernier était venu se placer tout à côté de son collègue, espérant l'intimider, — car il était encore puissant à la Convention. — Mais notre député, impassible, avait, une demi-heure durant, prononcé son réquisitoire, insoucieux de la haine du proconsul et il avait obtenu finalement sa mise en accusation.

Le retentissement de cet événement fut énorme dans

toutes les provinces de l'ouest. Lofficial connut les joies de la popularité : de partout là-bas on lui écrivait pour lui signaler quelque atrocité nouvelle ou pour le prier d'intercéder en faveur des victimes des cruautés révolutionnaires agonisant dans les cachots de Nantes. Or, au nombre des prisonniers faits par l'armée républicaine après la déroute de Savenay, se trouvait la veuve de ce glorieux Bonchamps qui s'était levé sur son lit d'agonie pour crier : « Grâce pour les prisonniers, Bonchamps l'ordonne ! » Elle avait été condamnée à mort et n'avait évité l'échafaud qu'en se déclarant enceinte. Puis le 9 thermidor était survenu à point pour suspendre le fonctionnement du terrible « moulin à silence ». Maintenant Mme de Bonchamps avait quelques chances d'échapper à la mort si on obtenait un nouveau sursis à son exécution et si l'on parvenait à faire reviser son procès. Un groupe, composé de ces Nantais qui devaient la vie au général vendéen, résolut de la sauver et tout naturellement ce fut à Lofficial qu'ils s'adressèrent pour le prier d'obtenir en haut lieu le sursis d'abord, la revision du procès ensuite, en laissant entendre qu'elle avait été l'inspiratrice du beau geste de clémence de Bonchamps. Les pas et les démarches ne coûtaient guère au conventionnel lorsqu'il se faisait l'avocat d'une infortune : il eut la joie quelques semaines plus tard, étant envoyé par la Convention en mission dans l'ouest, de faire mettre en liberté provisoire la veuve de Bonchamps aussitôt son arrivée à Nantes. La pauvre femme sortit de prison manquant de tout, sans appui — ses parents étaient tous morts ou émigrés — sans ressources — les biens de son mari étaient confisqués — et seule au monde avec sa fillette, la mignonne Zoé qui avait si drôlement chanté « Vive le roi ! A bas la République ! » devant les juges sans-culottes.

Elle eut peur de son isolement au milieu de cette société nouvelle issue de la Révolution, où elle ne connaissait personne. Alors, comme le représentant qui avait signé sa mise en liberté provisoire lui paraissait être un brave homme, elle résolut de se confier à lui, d'implorer sa protection, de lui demander conseil et assistance pour essayer de réunir les épaves de sa fortune, pour tenter de rentrer en possession de ses biens mis sous séquestre. Le représentant, ravi de pouvoir s'employer pour sa protégée, non seulement la conseilla, mais il lui offrit sa bourse et même l'hospitalité à Paris, chez lui. Tout cela nécessita entre la veuve du chef royaliste et le conventionnel une correspondance active. Au cours de la correspondance, leurs lettres prirent petit à petit une tournure moins impersonnelle pour devenir de plus en plus intime ; bientôt l'intimité se nuança d'une très réciproque sympathie... De la sympathie à l'amour, il n'y a qu'un pas. Le pas fut-il franchi et dans quelles conditions ?... Tout ce que nous savons de positif sur les relations de Lofficial avec Mme de Bonchamps, c'est que le 2 pluviose an IV — commencement de 1796, c'est-à-dire fort peu de temps avant le remariage de notre héros avec Mlle Daubrené — l'amie lui écrivait qu'elle renonçait désormais à le revoir de peur que sa présence n'alarmât la tranquillité de son ami, et, après l'avoir remercié de toutes ses bontés pendant le séjour qu'elle avait fait chez lui, elle l'assurait de son tendre attachement. Et dès lors tout fut fini à jamais entre Mme de Bonchamps et son zélé protecteur.

J'ai dit que, quelque temps après le 9 thermidor, la Convention envoya Lofficial en mission dans l'ouest avec plusieurs de ses collègues pour essayer de pacifier la Vendée; mission délicate s'il en fut, car il ne s'agissait pas seulement de réparer des injustices et de soulager des misères, il fallait encore désarmer cette population toujours prête à faire le coup de feu derrière les haies et la soumettre aux lois de la république.

Le représentant partit de Paris le 8 décembre 1794 pour se rendre à Nantes. C'était décidément un homme méthodique et ordonné que Lofficial, je n'en veux pour preuve que le journal, tenu avec la scrupuleuse exactitude, où il a noté les moindres incidents de sa mission.

Dans ce journal que j'ai publié il y a quelques années et pour lequel mon cher et ami Baguenier-Désormeaux a bien voulu m'écrire une charmante préface, il a conté toute l'histoire de la pacification de la Jaunaie, ce premier traité — on pourrait dire plus justement ce premier armistice — signé entre les généraux royalistes de l'ouest et la Convention nationale, où ni les uns ni les autres ne furent réellement de bonne foi. Je ne puis pas entrer ici dans les détails de cet événement auquel Lofficial prit une part active, cela m'entraînerait au delà des limites de ma causerie; Lenotre, pour lequel la Vendée révolutionnaire n'a plus de secrets, l'a évoqué avec sa science d'historien et son talent de délicat styliste. Quant à notre héros, nous le voyons assister sous la tente officielle aux entrevues avec Charette habillé d'une veste couleur chair à parements rouges, tandis qu'au dehors une musique militaire joue : « Où peut-on être mieux qu'au sein de sa famille ? » Il est encore aux côtés du chef vendéen le jour de son entrée à Nantes, le plumet tricolore au chapeau. Nous le retrouvons galopant botte à botte avec le général Canclaux lancé à la poursuite de Stofflet ; il parcourt dans tous les sens la région des Mauges au sud de la Loire, où se cantonnent les dernières résistances, visite en passant son pauvre village natal et ses propriétés de famille constamment dévastées depuis deux ans tantôt par les Blancs, tantôt par les Bleus. Ici, il réorganise une municipalité ; là il punit des pillards de l'armée républicaine ; partout il fait œuvre de sage administrateur, espérant naïvement que la pacification sera durable, alors que déjà dans son marais Charette songe à faire faux-bond à ses engagements. Enfin la Convention le rappelle à Paris le 19 juillet 1795 pour voter la constitution de l'an III avant de se dissoudre.

Et maintenant nous voici revenus au temps où notre député aux Cinq-Cents, devenu l'époux de Mlle Daubrené, coulait des jours heureux dans l'ancien cabinet de physique de Passy rempli jadis des appareils de télescopes du père Noël. Il invitait volontiers ses collègues à venir passer la journée chez lui à la campagne et là, à l'ombre des grands arbres, ils devisaient des misères du temps, du luxe de Barras ou des suggestifs déshabillés de Mme Tallien aux bosquets d'Idalie.

Cela dura jusqu'en 1798, époque du renouvellement des députés. Lofficial, dégoûté de la politique active, préoccupé de la situation précaire de sa fortune territoriale en Vendée, ne se représenta pas et s'occupa de mettre de l'ordre dans ses affaires. Grâce à Sieyès, avec lequel il était intimement lié, il obtint plus tard le 28 ventôse an XII (février 1804) d'être nommé juge au tribunal d'appel d'Angers. Lorsque le tribunal d'appel devint cour d'appel il y prit rang comme conseiller, exerça ces fonctions durant tout l'Empire, et mourut en juillet 1815 à Paris au cours d'un voyage d'affaires.

La première Restauration avait eu le temps de lui accrocher à la boutonnière l'ordre du Lys, ce qui donne à supposer que si Lofficial avait vécu encore quelques années, il se fût rallié au Gouvernement des Bourbons, revenant ainsi à l'automne de sa vie aux convictions politiques de sa prime jeunesse après avoir parcouru le cycle des opinions les plus variées — toujours de bonne foi d'ailleurs — mais influencé, comme la plupart de ses contemporains, par la rapidité, la soudaineté et la violence des événements.

Fixé définitivement en Anjou dès 1804, il avait revendu le 1er octobre 1808 sa maison de Passy à Louis Magallon de la Morlière, gouverneur de la Réunion, dans la famille duquel elle devait rester plus de soixante-dix ans.

La plus grande partie des documents qui m'ont servi pour reconstituer la vie de Lofficial sont inédits. Ils ont été extraits des papiers intimes du conventionnel, que j'ai tous en ma possession, car je suis son arrière-petit-fils.

DÉBRIS DE LA GRANDE ARMÉE

DÉBRIS DE LA GRANDE ARMÉE

Au temps où Neuilly, la petite ville de banlieue paisible et riante, était encore défendue par la verdure de ses parcs contre le bruit et la cohue de Paris et où la spéculation redoutait de franchir les fortifications pour construire « à la campagne », les petits rentiers, les négociants retirés des affaires et surtout les anciens militaires, débris des guerres de l'Empire, en avaient fait leur séjour de prédilection. Neuilly réalisait, pour ces derniers particulièrement, deux conditions essentielles de vie heureuse : un repos quasi-champêtre et l'existence à bon marché, car ce n'est pas la modeste pension à laquelle leur donnaient droit leurs glorieuses blessures qui leur eût permis de rouler carrosse dans Paris.

Si nous feuilletons les archives de Neuilly de l'an XII, nous voyons déjà que toute une petite colonie de militaires réformés ou retraités y émargeait au budget de l'Empire. Le plus élevé en grade était un chef de brigade nommé Desmoger qui touchait annuellement quinze cent vingt francs; puis venaient par ordre hiérarchique un chef de bataillon, deux capitaines, un lieutenant, un sous-lieutenant, trois sergents et trois soldats ; l'un d'eux, Chamaray — un beau nom de vieux brisquard ! — avait droit exactement à cent soixante et un francs soixante-huit centimes par an... Ajoutons à cette liste un capitaine d'artillerie, Paul Gérard, qui vivait retraité rue de l'Arcade, aux Ternes, où il mourut en 1811 à l'âge de soixante-dix-sept ans.

En 1815, le clan des retraités de Neuilly comptait une nouvelle et intéressante recrue dans la personne du sieur Nieumann, Antoine, né à Chiennvale, dans le canton de Frankenstein en Silésie. Le brave Allemand, âgé alors de trente-neuf ans, avait été ballotté d'un bout à l'autre de l'Europe à la suite des aigles impériales avant de venir échouer à Neuilly. Orphelin dès son enfance, on l'avait gagé comme domestique chez un marchand de son pays, qui l'avait emmené peu de temps après à Grüce en Autriche. Là, son patron ayant eu la malencontreuse idée de se laisser mourir, notre Antoine n'avait trouvé rien de mieux pour vivre que de s'offrir à être le brosseur d'un officier du 72e français, dont le régiment cantonnait dans le pays, et de le suivre bientôt à Asti en Piémont. Mais comme à Asti l'officier fut tué, Nieumann, fatigué d'avoir des maîtres qui mouraient toujours, prit le parti de s'engager au service d'un maître immortel, de la France, et en l'an VII il se fit, quoique étranger, incorporer dans le 72e de ligne.

La nature l'avait évidemment doué d'un physique avantageux et d'une belle prestance, sans cela il n'eût point été choisi en 1806 pour faire partie de la Garde de Louis Bonaparte, devenu roi de Hollande, et il n'eût

VUE DU CHATEAU ROYAL DE MADRID, AU XVIIe SIÈCLE.
D'après une gravure du temps.

Cliché J. T.

point été, quelque temps plus tard, promu à l'insigne honneur d'entrer dans les rangs de la glorieuse Garde impériale, au 1er régiment des grenadiers à pied. C'est comme grenadier de la Garde qu'il fit la campagne de Russie en 1811 et peut-être eût-il péri pendant la terrible retraite de Moscou si sa bonne étoile ne l'avait fait tomber aux mains des Russes à Varisouff; seulement le revers de la médaille, ce fut une captivité de vingt-trois mois en Russie. Lorsque Nieumann rentra en France au mois de décembre 1814, l'Empire avait été renversé une première fois et notre rescapé de Moscou fut incorporé dans les grenadiers royaux à Metz. Aux Cent-Jours son régiment, engagé à la bataille de Ligny, eut beaucoup à souffrir ; lui-même perdit dans cette affaire tout ce qu'il possédait, tous ses papiers..., tout son fourbi, — comme on dit en langage de caserne.

La chute de l'Empire après Waterloo libéra définitivement le Silésien, qui, par hasard, ayant séjourné à Neuilly, sentit son cœur s'éprendre des charmes d'une aimable Neuilléenne. Le temps d'obtenir sa naturalisation et l'ancien grenadier de la Garde se fixait dans cette localité pour y faire souche de petits Nieumann, citoyens français et Neuilléens.

Puisque nous passons la revue des survivants de l'époque napoléonienne, il en est un, décédé à Neuilly, vieille route de Neuilly, le 30 décembre 1852, qui a eu sa page glorieuse dans l'histoire des guerres de l'Empire. C'est Théodore de Contamine. Il était né à Givet en 1773. A quatorze ans on l'embarquait pour le cap de Bonne-Espérance comme sous-lieutenant dans un régiment allemand levé pour la défense des colonies hollandaises. Deux ans au Cap, de là à Batavia, puis à Ceylan, en Chine et en Cochinchine, le gamin était fait prisonnier en défendant Ceylan contre les Anglais et demeurait trois ans en captivité à Madras. Enfin on le ramena en Europe. Mais, en route, il profita de ce que le navire qui le rapatriait était obligé de faire escale à Sainte-Hélène pour lever en secret la carte des ouvrages de défense de l'île. Les Anglais ayant fini par lui rendre la liberté, cela lui permit de passer en Hollande, où on le nomma adjudant général. Il avait bien gagné ses galons, le guerrier de vingt ans !

En 1804, nous le retrouvons en France, faisant démarches sur démarches auprès du gouvernement impérial pour qu'on lui fournisse les moyens de tenter un coup de main sur Sainte-Hélène ; avec tous ses plans et ses relevés topographiques il se faisait fort de prendre l'île facilement. Son projet finit par être agréé et une escadrille partit de Toulon en janvier 1805 pour cette lointaine expédition. Une tempête la dispersa presque à la sortie du port. Bientôt après, on réorganisa une seconde expédition sur un plan plus vaste. C'était l'amiral Villeneuve qui en prenait le commandement. Il y avait à bord un corps expéditionnaire sous les ordres du général Lauriston ; Contamine fut nommé son chef d'état-major. Hélas, il semble qu'un sort ait toujours protégé l'île contre les tentatives de l'Homme qui devait y mourir enchaîné ! La rencontre d'une escadre anglaise sur les côtes d'Espagne au cap Finistère obligea les Français à livrer bataille ; ils la maltraitèrent fort, mais à la suite de cette rencontre, force fut à l'expédition d'aborder à Cadix.

Dans ce port Lauriston reçut son ordre de rappel et Contamine prit le commandement, à sa place, du corps expéditionnaire.

C'est dans l'exercice de ces fonctions que le 21 octobre 1805 il allait prendre part au combat épique de Trafalgar. Il était sur le *Bucentaure* aux côtés de l'amiral Villeneuve et lorsque ce dernier, foudroyé durant trois heures et demie par cinq vaisseaux anglais, dut amener son pavillon — les deux tiers de son équipage gisaient fauchés sur le pont. — Contamine, épargné par miracle, prit place à côté de l'infortuné marin dans la chaloupe qu'une frégate anglaise avait envoyée pour les recueillir, tandis que le *Bucentaure*, troué par les boulets et la mitraille, s'ensevelissait glorieusement dans les flots.

Voilà encore une fois notre héros prisonnier des Anglais. Echangé de nouveau, il fut envoyé à l'armée d'Italie ; c'était au moment de la cinquième coalition. Habile et audacieux stratégiste, il parvint en passant le Danube près de Comorn à attirer l'archiduc Jean vers la Basse Hongrie ; cette diversion, qui empêchait la jonction des corps d'armée des deux archiducs Charles et Jean, contribua dans une certaine mesure au gain de la bataille de Wagram. Seulement Contamine trouva encore moyen de se faire faire prisonnier au cours de cette affaire, dite des « Moulins ». Mais l'Empereur ne se fit pas prier pour l'échanger et, non content de l'avoir retiré des mains des Autrichiens, il lui accorda une dotation pour le récompenser de sa belle conduite, peut-être même lui tira-t-il l'oreille, ce qui était le comble de la faveur impériale.

Contamine, chargé en 1813 d'organiser à Mayence

l'avant-garde de la grande Armée, assista comme chef d'état-major aux batailles de Lutzen, Bautzen, Leipzig. Il fit la campagne de France dans le corps d'armée du général Milhaud.

Nommé maréchal de camp et vicomte par Louis XVIII, puis inspecteur d'infanterie de 1816 à 1818 et enfin mis à la demi-solde, l'ancien chef d'état-major de Napoléon s'était retiré vers la fin de sa vie à Neuilly et il occupait ses loisirs à écrire un grand ouvrage militaire dont le titre aussi long qu'obscur suffit, je trouve, à ôter toute envie de mettre jamais le nez dedans. Je le donne en entier.

« Esquisse de la science de la guerre, démontrée pour servir à déterminer la formation et l'organisation des troupes en général et, plus particulièrement, pour prouver l'importante supériorité que devrait avoir l'infanterie française sur celle des autres peuples, si elle était organisée d'une manière analogue au génie national. »

Maintenant n'oublions pas un héros — un vrai héros celui-là — qui s'éteignit dans notre ville en 1864, âgé de quatre-vingts ans. Il s'appelait André Thillet, avait vu le jour à Couves dans le Rhône ; retraité comme sergent, il était pensionné et décoré. Voici dans quelles circonstances, particulièrement glorieuses, il avait mérité pension et décoration. C'était en mai 1811, pendant la campagne de Portugal. Le maréchal Masséna venait de remporter sur l'armée anglo-portugaise de Wellington une demi-victoire à Fuentes-d'Onoro — demi-victoire, parce que, tout en infligeant des pertes sérieuses à l'ennemi, il n'avait pas pu, comme il l'aurait voulu, dégager la ville d'Almeida qu'occupait une garnison française commandée par le général Brennier et que Wellington bloquait étroitement. Dans l'impossibilité de secourir Brennier à bout de vivres et de munitions, le prince d'Essling avait pris le parti de démanteler la place et de faire évacuer coûte que coûte la garnison. Seulement la difficulté était de communiquer ses ordres au gouverneur d'Almeida à travers deux lieues de pays couvertes par les troupes ennemies. Trouverait-on quelqu'un d'assez déterminé pour oser tenter un pareil tour de force ? Quatre hommes de bonne volonté se présentèrent et parmi eux Thillet, chasseur au 6ᵉ d'infanterie légère. Masséna, afin de stimuler leur ardeur, promit, pour ceux qui réussiraient, de leur assurer 6.000 francs de rentes, leur vie durant. Un seul réussit, Thillet, mais Dieu sait à la suite de quelles péripéties !

Le voilà parti avec dans sa poche les instructions écrites du maréchal pour le général Brennier. Comme il craignait d'être pris pour un espion s'il se déguisait et si on l'arrêtait, il avait conservé son uniforme de chasseur, préférant tenter la traversée des lignes ennemies en plein jour en contrefaisant un soldat blessé. D'abord cela n'alla pas trop mal ; il avait longé les bords de la Çoa, et s'était caché derrière un rocher jusqu'à la tombée de la nuit. L'obscurité venue, il sortit de sa cachette esquivant adroitement les postes anglais.

Seulement notre messager avait compté sans les obstacles naturels que présentait un pays rocheux et très accidenté. A un moment donné sa route se trouve brusquement coupée par un ravin de dix à douze pieds de profondeur. Qu'à cela ne tienne ! Il s'élance. Un formidable bond le fait tomber au fond du ravin. Or ce ravin n'était pas un ravin ordinaire, il servait de refuge à une vingtaine de familles de paysans espagnols qui avaient fui leur village encombré par les troupes belligérantes. Tous dormaient paisiblement. Thillet, tombé au milieu d'eux comme un bolide, a piétiné des hommes et des femmes en cherchant une issue au milieu des ténèbres. Des paysans se réveillent et crient : au voleur ! Notre ami se hâte ; dans sa précipitation il marche sur d'autres gens endormis. Alors ce sont des cris épouvantables, l'alarme est générale. On va certainement le découvrir lorsqu'il lui vient une inspiration géniale : vite il se couche tout son long au milieu d'un groupe de dormeurs et fait mine de ronfler comme les autres. Bien lui en a pris, car pendant plus d'une demi-heure les Espagnols ont cherché ce qui pouvait avoir causé la panique. Enfin, las de leurs vaines recherches, ils sont allés se recoucher. Thillet, lui, n'attendait que ce moment-là pour se relever. Doucement, avec d'infinies précautions cette fois, il réussit en tâtonnant à découvrir l'entrée du ravin et ne fut pas long à déguerpir sans demander son reste.

Maintenant il était parvenu à environ une heure et demie d'Almeida. La nuit était assez claire ; de loin le brave chasseur reconnaissait la configuration des murailles pour avoir été au siège de cette même place quelques semaines avant ; seulement, comme l'obscurité était encore assez profonde, il résolut d'attendre la pointe du jour avant d'aller plus loin, de peur de tomber dans les avant-postes anglais.

Voici l'aube qui blanchit à l'orient et fait les objets plus distincts ; l'heure d'agir est venue. Thillet se glisse, bondit, rampe vers la place. Encore quelques masses de rochers à escalader et il touchera au but. Mais le passage des rochers est précisément la zone dangereuse, car pendant un moment il sera complètement à découvert. Tant pis ! En avant !... Hélas ! c'était inévitable, les Anglais l'ont aperçu ! Une patrouille s'élance sur ses traces... Que faire ? Rétrograder jusqu'à une source où il s'est désaltéré tout à l'heure, en ayant soin de marcher sur ses anciennes empreintes pour dépister ses poursuivants — une vraie ruse de Peau-Rouge — puis se blottir sous un rocher moussu et obscur qui surplombe la source : l'idée est lumineuse. Thillet dans sa cachette commence à respirer cependant qu'à travers les branchages de chêne vert penchés au-dessus de l'eau il guette. Soudain son sang ne fait qu'un tour : la patrouille ennemie, envoyée à sa recherche, malgré son truc de sauvage a retrouvé sa trace ; elle s'approche, elle n'est plus qu'à quelques cents pas du rocher, elle va le découvrir... Jamais dans toute l'existence de Thillet il n'y eut d'instant plus critique ; cette fois c'est bien fini, la chance l'a décidément abandonné. Pourtant un effort de volonté le fait se raidir pour lutter encore. Il ne lui reste plus qu'une suprême ressource : disparaître sous l'eau. Le temps de mettre en sûreté dans un coin de sa bouche l'ordre écrit du maréchal, et bravement notre héros, transformé en naïade, — style empire — entre dans la fontaine glacée ; il s'y enfonce jusqu'au cou, puis, au moment où les Anglais arrivent au rocher, crac !... un plongeon, la tête sous l'eau !

Et la source est redevenue unie comme un miroir. Allez donc soupçonner qu'une innocente fontaine sert de retraite à un porteur de dépêches de Masséna ! La patrouille, après en avoir fait le tour et avoir regardé partout, excepté au fond, bien entendu, crut avoir suivi une fausse piste, elle s'éloigna. Thillet, grelottant, étouffant, retenant sa respiration, attendit encore un moment la tête sous l'eau ; enfin, n'en pouvant plus, il sortit de son bain froid et, les membres raidis par cette hydrothérapie matinale, de nouveau il chercha à s'approcher des tranchées d'Almeida... Il finit par trouver un passage praticable, seulement il trouva aussi deux sentinelles anglaises qui le gardaient. Elles faisaient les cent pas : c'était une chance. Au moment où elles tournent le dos, vite il s'élance sur les glacis de la place. Pan ! La fusillade éclate ; les balles sifflent autour de sa tête. Il court comme un fou pour atteindre le chemin couvert qui relie les tranchées françaises. Mais des coups de fusil le saluent maintenant du côté français : ses compatriotes vont le tuer à leur tour ! « A moi, camarades ! Ne tirez pas ! » Un dernier élan... il est sauvé ! On le conduisit en triomphe au gouverneur. Thillet remit à ce dernier la missive du maréchal... et, la nuit suivante, tandis que la place d'Almeida sautait, le général Brennier profitait de l'émoi des Anglais surpris pour rejoindre au travers de leurs lignes l'armée de Masséna. Le colonel anglais se brûla la cervelle de désespoir.

Quant à Thillet, la promesse qui lui avait été faite fut bien tenue. D'abord on le décora, puis on lui attribua la propriété de domaines nationaux en Espagne, représentant les 6.000 francs de rentes convenus. Seulement avec la chute de l'Empire, les châteaux... pardon, les domaines en Espagne retournèrent à leurs propriétaires espagnols et le pauvre héros d'Almeida serait peut-être mort dans la gêne si le général Foy n'avait appuyé de son éloquence devant la Chambre des Députés, le 19 avril 1820, la pétition que notre sergent retraité lui adressait pour obtenir une pension en dédommagement de la perte de ses rentes espagnoles. La pension fut votée ; c'était bien le moins qu'on pût faire pour glorifier tant d'héroïsme uni à tant de sang-froid.

La liste des anciens militaires de l'Empire qui se sont fixés à Neuilly sur leurs vieux jours ne serait pas complète si je n'y ajoutais le nom du maréchal Gouvion Saint-Cyr, qui possédait sous la Restauration une propriété contiguë au château de Neuilly et qui voisinait très agréablement avec le duc d'Orléans pendant la belle saison.

La vie militaire de Gouvion Saint-Cyr est tellement connue qu'il suffit d'ouvrir un dictionnaire historique pour y trouver le détail de ses campagnes et de ses actions d'éclat. Ce qu'il y a d'intéressant à signaler dans la carrière du maréchal c'est la beauté, l'unité de ce caractère qui ne s'est jamais démenti depuis l'époque où, sans fortune, miséreux, petit professeur de dessin, il s'enrôla en 1792 dans le bataillon des chasseurs républicains, jusqu'au jour où, sous la Restauration, il enlevait à la tribune par son éloquence émue le vote d'une loi qui allait sauver l'armée d'une désorganisation irrémédiable.

Durant l'Empire, en dépit de ses actions d'éclat à l'armée des Alpes, sur le Rhin, en Italie, en Prusse, en Espagne, en Russie (où il gagna son bâton de maréchal au combat de Polotski), il ne fut jamais persona grata auprès de l'Empereur, qui ne lui pardonnait pas de rester attaché aux idées républicaines. Chaptal, dans ses souvenirs sur Napoléon, rapporte un incident qui prouve la sévérité du maître à son égard. C'était en 1805, Gouvion Saint-Cyr commandait l'armée d'occupation dans les Etats de Naples. Un matin à Saint-Cloud, l'Empereur le remarque parmi les généraux qui font antichambre. Vivement il l'interpelle :

— Général, vous arrivez de Naples ?

— Oui, sire, j'ai cédé le commandement au général Pérignon, que vous avez envoyé pour me remplacer.

— Vous avez sans doute reçu la permission du ministre de la Guerre ?

— Non, sire, mais je n'avais plus rien à faire à Naples.

Alors Napoléon, pâle de colère :

— Si dans deux heures vous n'êtes pas sur le chemin de Naples, avant midi vous êtes fusillé en plaine de Grenelle.

Et il lui tourna le dos.

Peut-être cette raideur de l'Empereur à son égard était-elle plus feinte que réelle ; ce qui le ferait croire, c'est le mot qui échappa à Napoléon en 1813, lorsqu'il apprit qu'en violation de la très honorable capitulation signée à Dresde par Saint-Cyr avec les généraux Tolstoï et Klenau, le généralissime des armées Alliées, prince de Schwartzemberg, l'avait retenu prisonnier lui et son armée. Comme on se lamentait autour de l'empereur :

— C'est encore trente mille hommes de moins !

— Pire que cela, murmura Napoléon, c'est le maréchal Saint-Cyr !

Après l'abdication de Fontainebleau, Gouvion Saint-Cyr s'était franchement rallié aux Bourbons. Lorsque la nouvelle se répandit que l'Empereur était débarqué au Golfe Juan et marchait sur Paris, le maréchal fut chargé par Louis XVIII du commandement des troupes en garnison à Orléans. Celles-ci, demeurées fidèles au fond du cœur au souvenir du Petit Caporal, avaient déjà arboré la cocarde tricolore lorsque le maréchal arriva prendre possession de son poste. Lui portait naturellement la cocarde blanche. Comme les officiers supérieurs venus pour le recevoir lui rapportaient que les soldats l'avaient tous quittée déjà :

— Il faut qu'ils la reprennent, leur déclare froidement Saint-Cyr. Je passerai la revue ce soir à six heures.

Et son autorité sur les troupes était si grande que le soir, à la revue, tous les régiments avaient la cocarde blanche à leur coiffure.

Pendant les Cent-Jours il refusa tout net de reprendre du service dans les armées de Napoléon, bien que celui-ci l'eût mandé aux Tuileries, et son opinion sur la nouvelle campagne qu'entreprenait l'Empereur fut celle-ci, exprimée à Lucien Bonaparte en toute franchise :

— Je pense qu'à la manière de votre frère, cette campagne doit durer quinze jours.

Lors de son premier passage au ministère de la Guerre en 1815, Gouvion Saint-Cyr se mit à dos tous les ultras royalistes par la suppression de la Maison du Roi ; il était ennemi en principe de ce qu'on a appelé les corps d'élite.

C'est lorsqu'il fut pour la seconde fois ministre de la Guerre en 1817 qu'il présenta à la Chambre sa fameuse loi de recrutement. Une des principales dispositions de cette loi consistait dans le classement, comme vétérans, des hommes renvoyés dans leurs foyers après six ans de service, et leur assujettissement pendant six ans encore à des appels temporaires sous les drapeaux, tout comme nos réservistes actuels. On pourrait donc appeler Gouvion Saint-Cyr le père des réservistes. Lorsque ce grand bel homme, aux traits réguliers, mais sévères, à la contenance grave et froide, acheva son discours par ces paroles vibrantes : « Les empires ne se fondent pas sur la méfiance ! Le roi le sait, le roi ne veut pas qu'il existe en France une seule force nationale qui ne lui appartienne, un seul sentiment généreux dont il ne fasse la conquête... Nos soldats ont beaucoup expié, car ils ont beaucoup souffert » une émotion indicible étreignit la chambre tout entière, les larmes coulèrent, tous les députés debout applaudirent frénétiquement l'orateur, ce fut un moment inoubliable.

L'année suivante, Gouvion Saint-Cyr quittait définitivement le ministère de la Guerre et rendu à la vie privée occupait ses loisirs à écrire ses *Mémoires*.

Et M. Viennet lui adressait une épître en vers sur l'armée, qui commençait ainsi :

> Enfin, brave Saint-Cyr, tu nous rends une armée,
> La France désormais, sans en être alarmée,
> Peut voir l'Europe entière entourer ses confins ;
> Le sort de ma patrie est dans ses propres mains.

La rime n'est pas riche et le style en est vieux, comme

disait le Misanthrope ; pourtant lorsque le président du conseil des ministres, M. Barthou, a prononcé en 1913 devant la Chambre son magistral discours pour défendre la loi de trois ans, je ne serais pas autrement surpris qu'il se soit souvenu de l'épître de M. Viennet au maréchal Gouvion Saint-Cyr sur l'armée française.

OUVRAGES CONSULTÉS POUR CET ARTICLE

Archives communales de Neuilly. — Moniteur universel, séance de la Chambre du 19 avril 1820. — Guingret : Relation historique et militaire de la campagne de Portugal. — Nouvelle biographie générale de Firmin-Didot. — Chaptal : Mes souvenirs sur Napoléon. — Baron Gay de Vernon : Vie de Gouvion Saint-Cyr (chez Didot). — Lagarde : Biographie des Ministres depuis la Restauration. — Victoires et conquêtes des Français. — Van Tenac : Histoire générale de la Marine. — Neuilly, Registres de l'état civil.

M. DE MONVILLE, L'ÉTERNEL ENNUYÉ

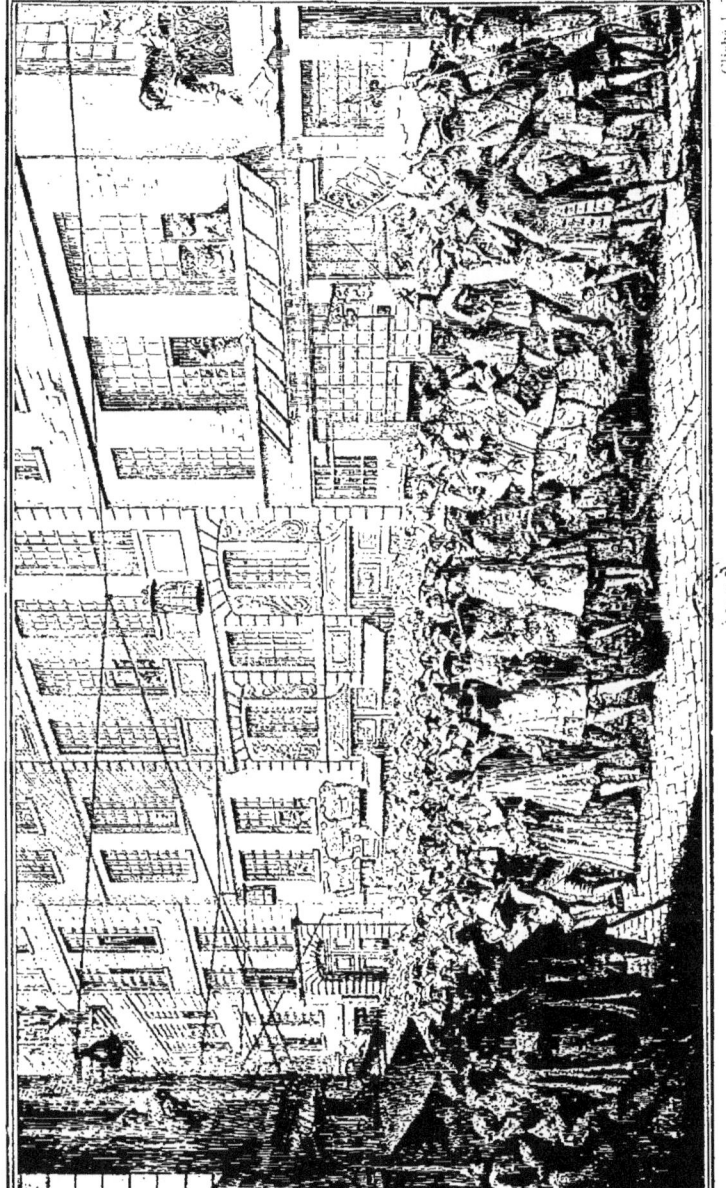

LA RUE QUINCAMPOIX, EN 1720, AU MOMENT DE LA BANQUEROUTE DE LAW.
D'après une gravure du temps.

M. DE MONVILLE, L'ÉTERNEL ENNUYÉ

« François-Nicolas-Henri Racine de Monville, chevalier, demeurant à Paris, rue d'Anjou, nous a fait exposer que, par contrat passé devant Me Chavet et son confrère, notaires au Châtelet de Paris, le 23 décembre 1774, il a acquis de Jean-André Isnard, bourgeois de Paris, y demeurant, rue des Jeûneurs, une maison sise au village et port de Neuilly... »

Telles sont les premières lignes d'une « ratification » qui se trouve aux archives de la Seine et qui établit que M. de Monville a possédé durant les dernières années du règne de Louis XV à Neuilly, au bord de la Seine, une propriété de quatre arpents et demi — soit un hectare cinquante-trois ares, — bornée au sud par M. Millin de Grandmaison, dont le descendant est un des châtelains les plus aimables et les plus aimés du Saumurois, et au nord, — séparés par la ruelle des Francs-Bourgeois, — Radix de Sainte-Foy, trésorier du comte d'Artois, devenu propriétaire du château de Neuilly après le comte d'Argenson. Le vendeur Isnard avait été justement l'intendant de l'ancien ministre de la Guerre de Louis XV.

Sur deux plans de la collection Guion, établis d'après les dessins de l'architecte Carteaux pour la maison du comte d'Argenson à Neuilly, se trouvent également indiqués la maison et le jardin voisin appartenant à M. de Monville. Or, il résulte de l'examen de ces deux plans que cette propriété de Monville était située exactement sur l'emplacement où plus tard Louis-Philippe fit construire le « petit château » pour le duc et la duchesse d'Orléans, ses enfants, et que vient de restaurer avec infiniment de goût le prince de Wrede, son propriétaire actuel.

Si le chevalier de Monville n'avait pour faire figure dans l'histoire que son titre de propriétaire d'une modeste maison de campagne sur l'emplacement du petit château de Neuilly, il est à présumer que son souvenir serait depuis longtemps enseveli dans la grande fosse de l'oubli.

Mais il a mieux, pour mériter que l'histoire retienne son nom : il a sa réputation d'homme le plus ennuyé de tout le royaume — recordman de l'ennui en un temps où il faisait si bon vivre est incontestablement un titre aux yeux de la postérité ; et ensuite sa propriété de Chambourcy, près de Saint-Germain-en-Laye, « le Désert », la création la plus extravagante qu'ait jamais conçue un fou raisonnable.

François-Nicolas-Henry de Jonquoy, qui prit d'abord le nom de du Thuit, d'une terre qu'il possédait auprès de Rouen, pour ensuite devenir le chevalier de Monville, était fils de Jean-Baptiste Racine de Jonquoy et de Marie-Marthe-Françoise le Monnier, fille elle-même d'un richissime fermier général qui avait épousé sa servante et était entré dans « la Ferme » grâce aux nombreuses complaisances de cette jolie commère pour le duc de Luxembourg.

Dufort de Cheverny affirme que Monville a dû naître vers 1733 ; il avait donc dans les environs de quarante ans lorsqu'il devint propriétaire à Neuilly. Quel âge pouvait-il avoir — pas, à coup sûr, l'âge de raison ! — lorsqu'en compagnie de quelques fêtards ses amis, Laborde, depuis premier valet de chambre de Louis XV, Fontanieu, Villecourt, Cheverny, et Chabanon, futur académicien, il donnait une sérénade à Mme Brissard, la femme d'un fermier général, qui demeurait à l'hôtel Bullion, croyant avoir aperçu à sa fenêtre le bonnet de la belle — ce n'était que son pot de chambre — ensuite devant chez Mlle Astraudi de la Comédie-Italienne, rue Mauconseil ; Fontanieu monté sur une borne pour jouer plus commodément de la basse, tandis que Monville faisait sa partie de flûte — il était de première force sur cet instrument. L'arrivée inopinée du commissaire, auquel Fontanieu ne put échapper à cause de sa basse, mit fin prématurément au concert nocturne.

J'ai dit que Monville jouait de la flûte à l'égal d'Amphion ; je me hâte d'ajouter qu'il était aussi remarquable harpiste que distingué flûtiste. Un vieil Allemand, nommé Gaiffre, connu dans les tavernes des bords du Rhin et qui est demeuré célèbre par son invention des pédales appliquées à la harpe, lui avait donné des leçons. Tous les dimanches, en été, il s'en allait souper à Passy chez M. de la Popelinière, ce fermier général que sa femme a immortalisé, avec l'aide du duc de Richelieu, en inventant pour le tromper les cheminées à plaques tournantes. Là notre ami jouait de la harpe en compagnie de Mme de Genlis alors Mlle Félicité Ducrest de Saint-Aubin. Il devait conserver de ces séances de musique de chambre avec la protégée de la Popelinière une impression si profonde que, l'année suivante, 1761, devenu veuf, il se risquait à demander la jeune fille en mariage, bien qu'elle n'eût d'autre dot que ses beaux yeux et son esprit.

Ce n'était certes point un parti à dédaigner que M. de Monville, il passait pour un des plus beaux cavaliers de Paris avec sa taille de cinq pieds huit pouces, son torse et ses jambes à rendre jaloux Antinoüs. Seule la tête était peut-être un peu petite pour le corps, mais des traits agréables rachetaient cette légère imperfection : « il était beau d'une beauté noble, romanesque, élégante », ce sont les propres termes de Mme de Genlis. Joignez à cela qu'il dansait à ravir, ce qui le faisait inviter partout, qu'il montait à cheval en écuyer consommé, était imbattable à la paume et tirait de l'arc comme un Indien ; exemple, ce fameux pari gagné contre le duc de Chartres, qui consistait à percer d'une flèche un faisan au vol dans la Faisanderie de la Muette au Bois de Boulogne ; il avait droit à dix flèches, à la première le faisan tomba. Enfin, brochant sur le tout, ce dandy d'avant le dandysme était affligé d'une fortune considérable qui lui permettait d'avoir une loge à l'Opéra, des maîtresses à sa fantaisie et un hôtel somptueux rue d'Anjou.

A quoi donc a-t-il tenu alors que Félicité Ducrest devînt Mme de Monville, car elle avoue dans ses mémoires « qu'il était le seul homme de cet âge qu'elle eût remarqué » ? Oh, mon Dieu, à bien peu de chose, mais ce peu de chose était tout, en ce temps-là : Monville n'était pas ce qu'on appelait un homme de qualité, « un homme de la Cour ». Voilà pourquoi Félicité Ducrest décida de le refuser.

Le chagrin qu'il ressentit de cet échec a peut-être contribué à développer chez notre héros cet incurable ennui « dont il était consumé au milieu de tous ses goûts satisfaits » — pour me servir des expressions mêmes de Tilly, qui ajoute : « Sa manière avait un peu de monotonie parce qu'il en trouvait lui-même dans tous les objets de la vie ». Mais, comme le même Tilly qualifie Monville, quelques lignes plus haut, « d'homme médiocre, d'esprit peu étendu », il faut peut-être attribuer son ennui tout simplement à ce qu'il ne savait pas se suffire à lui-même.

C'est évidemment un caprice passager d'oisif qui lui avait fait acheter sa maison de Neuilly ; le caprice ne dura guère, car il la revendit deux ans après. De même il s'était amusé à meubler avec un luxe de nabab son hôtel situé entre la rue de la Bonne-Morue, — la rue Boissy-d'Anglas actuelle — et la rue d'Anjou, dont l'architecte Boullée avait donné les plans et que les guides des étrangers de l'époque signalaient comme une des curiosités de Paris.

Lorsqu'il y donnait des soupers à la spirituelle cantatrice Sophie Arnould, à Bellecour du Théâtre-Français, au marquis de Saint-Marc, au chevalier de Coigny, à M. de Venotte, gouverneur des pages du duc d'Orléans, au marquis d'Egreville, à milord Post-Cott, bref au tout-Paris d'alors, les antichambres aux parois de stuc ruisselaient de l'étincellement des lustres et des bras de lumière.

Des boîtes à musique, dissimulées dans les boiseries, jouaient en sourdine des motifs de Rameau. On traversait au rez-de-chaussée une enfilade de salons splendidement meublés : salon de compagnie aux colonnes saillantes, salon de musique au plafond peint à fresques (on y voyait un clavecin décoré par Rubens, coût 10.000 livres), petit salon rempli de porcelaines de Chine, de Saxe et de Sèvres, ainsi que de cabinets précieux et de bibelots rares, enfin salon turc, où la Société se tenait de préférence. Cette pièce était entièrement tapissée de glaces ; pas de fenêtres, mais du plafond vitré tombait un jour tamisé et, tout autour des murs, des ottomanes de velours invitaient à s'étendre en des poses abandonnées, tandis que dans une loggia, qui dominait le salon d'un côté et la salle à manger de l'autre, un orchestre de sept musiciens exécutait toute la soirée des airs de Mozart et surtout de Gluck dont l'amphytrion était un fanatique admirateur.

Détail curieux : dans ces salons il y avait une quantité prodigieuse de pendules de formes plus bizarres les unes que les autres ; et, autre détail plus curieux encore, il régnait en hiver par tout l'hôtel une atmosphère de serre chaude « comme en plein été » — affirmaient les contemporains — grâce à un système de chauffage imaginé par Monville et consistant en des poêles dont le tuyautage était dérobé aux regards des visiteurs, — nos calorifères actuels. C'est donc Monville qui le premier a conçu le calorifère ; à ce titre les Parisiens, nés frileux, lui devraient, en conscience, une statue.

Mais voilà qu'en l'année 1772 l'idée vint à notre éternel

ennuyé d'acheter à la lisière de la forêt de Marly un pauvre petit village nommé Saint-Jacques-de-Retz, de le supprimer entièrement et de créer, à la place, son fameux « Désert ».

Par un hasard providentiel, cette extraordinaire propriété a traversé intacte cent quarante années de notre histoire, avec ses jardins à l'anglaise dignes de ceux de Bagatelle, de la Folie Saint-James et de Mousseaux. Et si elle a conservé dans toute sa pureté son cachet rococo, pour la plus grande joie des amateurs de curiosités du XVIIIe siècle, elle le doit à ses propriétaires successifs et, notamment, au propriétaire actuel M. Pierre Passy, le fils du grand pacifiste Frédéric Passy qui l'a habitée lui-même de nombreuses années.

Lorsqu'on arrive à la grille du Désert de Retz perdu dans le creux d'un vallon boisé par delà Saint-Germain, sur la lisière de la forêt de Marly qui lui sert de toile de fond, on a soudainement l'illusion de se croire transporté de cent quarante ans en arrière, au temps où M. de Monville recevait dans la coûteuse « Folie » seigneurs et grandes dames, financiers et filles de théâtre. Puis, au détour d'une allée qui longe deux étangs endormis sous leurs nénuphars, apparaît la maison d'habitation juchée sur un monticule qui simule un pied de stèle, et on se demande si ce fut une gageure, si on ne rêve pas tout éveillé en voyant cette masse de pierres absolument ronde, agrémentée de distance en distance de larges cannelures, comme une gigantesque colonne corinthienne. Entre ces cannelures, à différentes hauteurs, sont percées des portes et des fenêtres. Il n'y a pas l'air d'avoir de toit parce que l'édifice se termine par des assises de pierre irrégulièrement taillées simulant la brisure d'un fût de colonne. De l'ocre rouge, mélangé à la chaux qui sert de crépissage, donne vaguement à l'ensemble l'aspect d'une bombe glacée à la framboise. Dans le parc il y a un temple de l'Amour avec son péristyle de colonnes toscanes; une glacière en forme de pyramide; les ruines de l'ancienne église Saint-Jacques de Retz; un pavillon chinois qui coûta à lui seul 100.000 livres; une esplanade que termine une balustrade, où, par les belles nuits d'été, on dressait un théâtre en plein air et où Sophie Arnould dut faire retentir les échos du silencieux vallon de ses accents touchants dans le rôle d'Eurydice; les débris d'un salon d'été en rotonde, dont il ne reste plus que les quatre colonnes; enfin, donnant sur une allée de la forêt de Marly, un extraordinaire portail encadré de rocailles et de pierres biscornues simulant une entrée de grotte. Or la tradition locale veut que la reine Marie-Antoinette, lorsque les hasards de la chasse l'amenaient du côté du Désert de Retz, soit venue frapper au fameux portail en rocaille.

On se la représente apparaissant dans l'entre-bâillement accompagnée de Mme de Lamballe, du comte d'Artois, des Polignac, de Lauzun. Monville, prévenu, s'empresse au-devant de sa souveraine. A la porte les chevaux attendent, tenus en main par des laquais.

La reine a demandé l'aumône d'un bol de lait.

— Où faut-il servir votre Majesté ?

— Mais, là, sur les marches de ce temple de l'Amour.

Et, assise au pied d'une des colonnes, la gracieuse Majesté hume avec délices le lait mousseux qu'on vient de traire exprès pour elle, tout en regardant le soleil descendre lentement derrière les grands bois.

En 1792 la Révolution devenait menaçante, l'argent se faisait rare, les temps étaient durs et le prodigue, doublé d'un joueur incorrigible qu'était Monville, commençait à se trouver réduit aux expédients. Un Anglais, Sir Disney Flytche, s'étant toqué de tout ce qui appartenait à cet arbitre des élégances, l'arbitre des élégances profita de la toquade de l'insulaire pour lui vendre à bons deniers comptants son hôtel de Paris et son Désert de Retz et avec le produit de ses ventes il continua son train de joyeux vivant, sans plus se soucier de la tournure chaque jour plus alarmante que prenaient les événements. Or le Palais-Royal était un des derniers endroits où on s'amusât à Paris : Philippe Egalité recevait dans son intimité tout ce qu'il y avait encore de roués et de viveurs de l'ancien régime. Il est donc tout naturel que nous retrouvions Monville au Palais-Royal, devenu l'habituel adversaire au jeu ainsi que le commensal du prince-citoyen.

A présent nous sommes au 6 avril 1793, en pleine Terreur. Tandis que la Convention, dans la plus grande agitation causée par la défection de Dumouriez, délibère sur l'arrestation de tous les membres de la famille Bourbon encore en France, au Palais-Royal le duc d'Orléans et Monville ont passé toute leur matinée à jouer aux cartes avec acharnement, autant peut-être pour tromper l'angoisse de l'attente que pour se gagner quelques louis ; lorsque Monville fait remarquer que l'heure du dîner est passée depuis longtemps.

— Eh bien, on va nous servir ici même, sur la table de jeu, décide le prince.

A ce moment se présente Merlin de Douai : le député vient annoncer que la Convention discute dans l'instant même sur le sort de Philippe Egalité. Puis il repart et, tout le temps que durera la délibération, il fera la navette entre le Palais-Royal et la salle du Manège distants de quelques cents mètres, cependant qu'Orléans et Monville se sont mis en devoir d'expédier le dîner servi sur la table de jeu.

Ils sont occupés à manger des soles frites lorsque Merlin accourt désespéré : l'arrestation d'Egalité est votée, sa perte est résolue !

Alors le duc de s'écrier en se prenant le front :

— Grand Dieu, est-il possible ? Après tant de preuves de patriotisme que j'ai données, tous les sacrifices que j'ai faits, me frapper d'un pareil décret ! Quelle ingratitude ! Quelle horreur ! Qu'en dites-vous Monville ?

Monville est occupé en ce moment à exprimer méthodiquement au-dessus d'une sole le jus d'un citron.

Interrompant, à la question du prince, sa délicate opération, il lui répond sur un ton de calme parfait :

— C'est épouvantable, Monseigneur, mais, que voulez-vous ? Ils ont eu de Votre Altesse tout ce qu'ils pouvaient en tirer. Elle ne peut plus leur servir à quelque chose ; alors ils font de Votre Altesse ce que je fais de ce citron dont le jus est exprimé...

Ce disant, il jette le citron dans la cheminée. Il ajoute alors en piquant un filet de sole au bout de sa fourchette :

— La sole doit être mangée bien chaude.

Et il l'avale.

Le duc d'Orléans fut arrêté quelques instants plus tard.

Quant à Monville, il disparut tant que dura la Terreur. Lefeuve prétend qu'il se cacha à Fontenay où il exerçait la profession d'ingénieur. Le fait n'a rien d'impossible, mais ce qui est certain c'est qu'à la date du 14 mai 1793, la municipalité de Neuilly délivrait un certificat de domicile à Henri-Racine de Monville ; ce qui prouve que notre héros est venu chercher provisoirement un refuge dans cette localité qu'il connaissait depuis longtemps pour y avoir été jadis propriétaire.

Il reparut après le 9 thermidor, mais ruiné, besogneux, malgré cela toujours noceur, n'ayant plus que quelques malheureux louis en poche et les dépensant pour offrir à ses belles amies de gigantesques cornets de bonbons enjolivés de devises et de faveurs.

Enfin en avril 1797 une décomposition du sang se déclara qui nécessita une opération à la gencive. Soins inutiles ; en quatre jours le beau Monville fut emporté par la maladie, laissant comme héritage à une jeune personne des petits spectacles, avec laquelle il vivait depuis six ans, de nombreuses dettes et, comme réputation, celle d'un parfait égoïste.

OUVRAGES CONSULTÉS POUR CET ARTICLE

Donnet : Environs de Paris. — Bachaumont : Mémoires secrets. — E. Boysse : Les abonnés de l'Opéra. — Mary Summer : Quelques salons de Paris au XVIIIe siècle — Dufort de Cheverny : Mémoires. — Montgaillard : Histoire de France depuis la fin du règne de Louis XVI jusqu'à l'année 1825. — Duc de Lévis : Souvenirs et portraits. — Bibliothèque de la ville de Paris : Dossier L 13. — Archives de la Seine : Ratification n° 3536 A. — Tilly : Mémoires. — Titres de propriété de M. Pierre Passy. — Ch. Yriarte : Bagatelle, dans la Revue de Paris de 1903. — Lefeuve : Les anciennes maisons de Paris ; histoire de Paris rue par rue. — Guide des amateurs et étrangers aux environs de Paris. — Voyage à Paris en 1776. — Correspondance secrète de 1782. — Archives nationales Y. f. 8445. — Dulaure : Environs de Paris. — Archives de la Mairie de Neuilly. — H. Armand Jean : Mme de Genlis. — Mémoires de Mme de Genlis.

LA SIBYLLE DU BOIS DE BOULOGNE

LA SIBYLLE DU BOIS DE BOULOGNE

Il existe de par le monde des êtres qui ont le don inné d'inspirer confiance à leurs semblables au point de provoquer les confidences spontanées des personnes les moins communicatives ; des êtres passés maîtres en l'art de « tirer les vers du nez » — qu'on me pardonne l'expression — à la plus grande satisfaction des patients eux-mêmes. C'est dans la catégorie de ces êtres si particulièrement charmeurs qu'il faut ranger Marie-Thérèse Le Petit de Verno, demoiselle de Chausseraye, que ses contemporains avaient surnommée la « Sibylle du Bois de Boulogne ». Elle a reçu les confidences des plus grands seigneurs et des plus grandes dames de la Cour de Louis XIV, elle a reçu les confidences du Roi-Soleil lui-même et plus tard celles du Régent. A-t-elle cherché à en profiter pour s'élever le plus près possible du rang suprême ? Point. Philosophe à sa manière, elle sut mettre toujours une sourdine à son ambition, et, après une existence aussi remplie d'agrément que dénuée d'austérité, achever sur un joli geste humanitaire — en léguant tous ses biens aux pauvres — cette existence qui vers la fin s'embruma discrètement de dévotion dans la demi-solitude de sa maison de Madrid au Bois de Boulogne.

Mais d'abord où était située exactement cette maison de Madrid qu'elle occupa à partir du 21 juillet 1708, date à laquelle le Grand Roi par un édit rendu à Fontainebleau lui en accorda la jouissance sa vie durant, jusqu'au 24 mars 1733, jour de son décès ? Était-ce dans le vaste château de faïence de François Ier, aux trois cent soixante-cinq ouvertures, déjà si dégradé en 1657 que le vent et la pluie y faisaient rage ? Nullement ! La maison de Mlle de Chausseraye faisait partie des dépendances du château situées en bordure au sud de la grande basse-cour ; elle se composait d'un long bâtiment donnant d'un côté sur cette basse-cour et de l'autre sur un joli jardin avec pelouse qui s'étendait dans la direction de Bagatelle.

Il y avait plusieurs chambres à coucher, dont la sienne qui avait vue sur le jardin ; des salons, une salle de billard, le tout très confortablement meublé, orné de belles pendules de Coupé et de Gaudron et décoré des portraits de Louis XIV, du Dauphin, du duc et de la duchesse d'Orléans, du roi et de la reine d'Angleterre, du cardinal de Noailles, de Mme de Maintenon, de Mme de Ventadour, de la marquise d'Estrade, du duc de Mirepoix, de la duchesse de Vermandois, de Mlle de Nogaret et d'autres encore..., ainsi que de onze tableaux de sainteté, — une véritable galerie — ; une cave des mieux montées : 100 carafons d'hydromel, 128 bouteilles de champagne rouge et de bourgogne. Dans les remises berline et carrosses ; dans les écuries trois chevaux bien nourris ; dans les étables six jolies vaches, dont elle offrit l'une au petit roi

UNE COURSE AU BOIS DE BOULOGNE, EN 1826.
Dessin d'EUGÈNE LAMI.

Louis XV, âgé de neuf ans, pour mettre dans sa ménagerie de la Muette, lorsqu'il vint visiter à Madrid la bonne demoiselle, le 20 octobre 1719 ; dans le poulailler cinq douzaines de poules et quatre coqs. Le personnel de la maison se composait de nombreux serviteurs : Henry, le cuisinier ; les deux laquais, L'Hopital et Georges ; Leblanc, l'officier ; Breton, le cocher ; Otterol, le bon et fidèle domestique ; Delisle, le maître d'hôtel ; Belleville, le portier et Frémond, le jardinier, flanqué de ses deux aides le gros Georges et Baptiste. Peu de femmes, par exemple ! Mlle de Chausseraye ne tolérait que Mlle Germain pour son service particulier. En revanche, un intendant idéal, Duplessis, le factotum, le confident,... même mieux !... dont elle fit plus tard son légataire et pour cause : elle avait eu de lui un fils qui prit le nom de Bussy (le père, ancien premier valet de chambre du Régent, avait nom Benoit de Bussy, dit Duplessis). Le jeune homme fit sa carrière dans les affaires étrangères après avoir débuté comme attaché au président Hénault lors de son ambassade en Hollande.

Mais c'est assez parler de la demeure et des serviteurs de Mlle de Chausseraye, hâtons-nous de faire connaissance avec la propriétaire elle-même.

Qu'on se représente une grande et belle fille, bien taillée, bien musclée, avec une légère tendance à l'embonpoint ; jolie figure et surtout, dans le regard, une expression de candeur et de naïveté exquises, à laquelle ne nuisait pas une assez forte myopie : une tête à la Greuze sur un corps à la Rubens. Mais, qu'on ne s'y trompe pas : sa candeur et sa naïveté masquaient un esprit des plus fins, des plus avertis, une souplesse insinuante jointe à un don d'observation rare. Tout cela la rendait irrésistible parce qu'elle avait pour conquérir l'arme la plus redoutable, la séduction, et surtout parce qu'elle savait s'en servir. Sans parler d'une éducation très soignée qu'elle devait à son frère d'un premier lit, le marquis de la Porte de Vezins, qui l'avait prise en affection alors que la famille de sa mère, les Cossé-Brissac, négligeait cette petite parente dont le plus grand tort était d'avoir un père ruiné, obligé de vendre sa baronnie de Bressuire en Poitou pour payer ses créanciers.

Elle était née en 1657, avait été baptisée par Bossuet et tenue sur les fonts baptismaux par la reine-mère Anne d'Autriche. Son frère, le marquis de la Porte de Vezins, l'avait présentée de bonne heure chez les Biron et les Villeroy, qui la firent entrer à dix-huit ans comme fille d'honneur chez Madame, mère du Régent, cette bonne grosse Liselotte, célèbre par sa correspondance primesautière et ses plaisanteries au gros sel. Une fois dans cette place, l'adroite jeune personne étudia son monde; elle vit qu'il fallait conquérir d'abord les bonnes grâces de Mme de Ventadour, première dame d'honneur de Madame, pour avoir l'oreille de la princesse, et aussitôt prévenances, cajoleries, rien ne fut épargné auprès de Mme de Ventadour pour la dominer entièrement. La conquête de la duchesse suivit naturellement de près celle de sa dame d'honneur et bientôt elle fut si férue de Mlle de Chausseraye qu'elle ne venait plus jamais à la Cour sans y amener la jeune fille. D'ailleurs tout Versailles n'avait que des sourires pour la jolie protégée, qui, au lieu de se laisser tourner la tête par ses succès de débutante, sut garder son sang-froid et profiter des moindres circonstances pour se lier avec Mlle de Séry, avec Mme d'Argenton — la future maîtresse du futur Régent — qu'elle jugeait toutes deux pouvoir lui être utiles, ainsi qu'avec les ministres Barbezieux, Pontchartrain et Chamillard, très en faveur alors, et aussi joyeux vivants que mauvais administrateurs.

Dans cette société de mœurs faciles Marie-Thérèse Le Petit de Verno ne se trouvait pas autrement déplacée, car, en dépit de ses airs candides, la galanterie fut, toute sa vie, son péché mignon ; sans compter que, grâce à son habileté, elle savait tirer du plaisir et, à l'occasion, de l'argent de tous ses bons amis.

Rien d'étonnant qu'encouragée par ses débuts à la Cour, elle ait cherché aux chasses royales à se rapprocher du roi, de façon à s'en faire remarquer. Il ne paraît pas improbable d'ailleurs que ses tentatives aient été couronnées de succès et que le roi soit devenu l'amant « de cette maîtresse-poulette » ; la haute faveur dont elle jouit à partir de cette époque semblerait le prouver. D'abord ils eurent ensemble une correspondance suivie. En lui parlant, Louis XIV la tutoyait : « Tu as raison ; tu fais bien, mon enfant. » Il alimentait sa bourse fréquemment à sec, car elle était joueuse comme les cartes. Il lui fit en 1688 une pension de mille écus au moment où elle quitta le service de Madame ; de plus il lui donna, sa vie durant, la jouissance de sa maison de Madrid, et lorsqu'elle y fut installée, la demoiselle venait fréquemment en secret à Versailles sous prétexte de rendre visite à Mme de Ventadour, en réalité pour s'entretenir avec le roi. Enfin dans plusieurs circonstances Sa Majesté donna des ordres à des contrôleurs généraux pour qu'ils remissent à Mlle de Chausseraye les fonds dont elle avait besoin.

Elle avait eu du reste le bon esprit — et ce détail la peint bien — s'apercevant que Mme de Maintenon prenait quelque ombrage de ses tentatives pour se rapprocher du roi, de paraître céder au désir de cette dernière et de battre ostensiblement en retraite, quitte à reprendre en sous-main ses manœuvres ; de sorte que Mme de Maintenon lui avait su beaucoup de gré de sa discrétion et qu'ainsi « la fine mouche » s'était concilié tout le monde... et son roi.

Bussy-Rabutin parle, dans sa correspondance, d'un mariage projeté en 1686 entre la fille d'honneur de Madame et le marquis de Foix, capitaine des Suisses de Monsieur. Ce mariage n'aboutit pas. Deux ans plus tard, Mlle de Chausseraye quittait le service de la duchesse d'Orléans avec sa pension du roi et un cadeau de Monsieur ; elle avait sa fortune faite et ses entrées par les derrières chez le roi, le duc d'Orléans, Monsieur, Madame, la duchesse de Ventadour et Mme d'Argenton.

Ce fut chez cette bonne amie qu'elle se retira tout d'abord jusqu'au moment où elle s'installa à Madrid. Aussi, plus tard, lorsqu'il s'agit de signifier à Mme d'Argenton l'abandon du jeune duc d'Orléans, son amant, devenu par son mariage avec Mlle de Blois, fille de Mme de Montespan, le gendre de la main gauche de Louis XIV, — abandon auquel il fut contraint par son royal beau-père et oncle, — songea-t-on tout de suite à charger de cette délicate mission l'ancienne amie intime de la disgraciée. Par ordre du roi, une chaise de poste vint quérir d'urgence Mlle de Chausseraye à Madrid pour la conduire auprès de Mme d'Argenton. La mission n'avait rien d'agréable sans doute, mais l'ordre du roi était formel et du reste une lettre préparée d'avance, signifiant à la maîtresse du duc d'Orléans qu'elle eût à quitter Paris pour se retirer à l'abbaye de Gomerfontaine, donnait à la Sibylle du Bois de Boulogne toute autorité pour exécuter sa pénible mission. La scène fut terrible, brutale même à un moment donné, paraît-il ; mais la douceur onctueuse de Chausseraye vint à bout de sauver les apparences, et, si elle y perdit une amie, elle y gagna du moins la reconnaissance royale.

Autre circonstance où la belle enjôleuse eut encore l'occasion de mettre sa séduction au service des intrigues de cour : au plus fort de la querelle entre les gallicans qui soutenaient le cardinal de Noailles, archevêque de Paris, et les ultramontains, menés par le Père Le Tellier et le prince de Rohan, au sujet de la bulle *Unigenitus*, la demoiselle, ayant appris de la bouche même de ce prince qu'on avait comploté, avec l'assentiment du roi, d'enlever le cardinal de Noailles lorsqu'il se rendrait à sa maison de campagne de Conflans et de l'expédier à Rome en otage, résolut de déjouer, sans qu'on s'en doutât, le complot ourdi contre le prélat qu'elle tenait en grande amitié. En même temps qu'elle le faisait prévenir de ne pas sortir de Paris jusqu'à nouvel ordre, elle se rendait auprès du roi, s'informait de sa santé, se préoccupait de sa mauvaise mine, mettait cela sur le compte des tracas que lui causait cette ennuyeuse querelle de la bulle *Unigenitus;* bref, elle se montrait si adroite, si persuasive que Louis XIV finissait par convenir qu'il valait mieux envoyer la bulle *Unigenitus* à tous les diables que de se rendre malade pour si peu et en conséquence refusait d'autoriser l'enlèvement du cardinal de Noailles par les ultramontains, de peur de nouvelles complications.

Le soir même de ce succès diplomatique, la madrée vieille fille, jouant au pharaon avec le prince de Rohan chez Mme de Ventadour, prenait un air — comme on dit — de revenir de Pontoise en écoutant le prince, tout dépité, lui conter comment, au dernier moment, le roi n'avait plus voulu consentir à l'enlèvement de l'archevêque. Cela se passait un mois avant la mort de Louis XIV.

Il faut reconnaître à la louange de Mlle de Chausseraye qu'elle demeura toujours fidèlement attachée aux ducs d'Orléans, ses premiers bienfaiteurs. C'est ainsi qu'à la mort du Grand Roi elle se rangea parmi les plus ardents partisans de la Régence et il y eut chez elle, dans sa discrète maison de Madrid, des conciliabules secrets entre le duc de Richelieu, le cardinal de Noailles, Saint-Simon, d'Aligre, de Maisons, d'Aguesseau, d'Harcourt et le Père Bernard pour préparer cette Régence.

A la veille du jour où le Parlement devait statuer sur le testament du feu roi, un dernier conseil se tint à Madrid, où il fut décidé que le duc de Guiche occuperait pendant la séance toutes les avenues du palais jusqu'à ce que la Régence fût proclamée solennellement.

Après cela, le Régent ne pouvait avoir qu'une très grande amitié pour la bienfaisante Sibylle du Bois de Boulogne ; aussi allait-il de temps en temps souper chez elle et se délasser des tracas du pouvoir dans cette paisible demeure qui devait en voir bien d'autres, quelques années plus tard, lorsque Mlle de Charolais y servirait de procureuse aux premières amours de Louis XV.

Le petit roi, encore enfant, vint, aussi lui, comme je l'ai déjà dit, par deux fois rendre visite à Mlle de Chausseraye. Dangeau fixe la première de ces deux visites au 13 juillet 1716 et la seconde au 20 octobre 1719. C'est au cours de cette seconde visite qu'elle lui offrit une jolie vache destinée à la ménagerie de la Muette, et pour le service de laquelle le duc d'Orléans tint à faire présent au roi de beaucoup de vases de porcelaine fort ornés d'argent et de bronze doré.

Le dévouement de notre héroïne aux intérêts de la famille du Régent n'excluait pas le soin de ses propres intérêts; je dirai mieux, ses intérêts y trouvaient leur compte. Par exemple, c'est à la Cour du Régent qu'elle avait fait la connaissance du banquier Law et que, sur son conseil, elle avait placé dès le début des capitaux dans la Société du Mississipi. L'affaire, superbe tout d'abord, avait rapporté de gros bénéfices aux actionnaires. Mlle de Chausseraye, toujours prudente et avisée, ne s'amusa point à risquer ses gains dans de nouvelles spéculations. Elle fit Charlemagne sans vergogne et employa ses capitaux à acheter de beaux et bons immeubles dans Paris ; d'abord en 1719 l'hôtel d'Armenonville, au quartier Saint-Eustache, rue Platrière, vis-à-vis la communauté des filles Saint-Agnès, dont le salon et le cabinet avaient été décorés de peintures par Mignard, et que le futur garde des sceaux — futur habitant, lui aussi, du château de Madrid — lui céda pour la bagatelle d'un million, tout en en demeurant locataire, sa vie durant, au prix de 20.000 livres par an ; ensuite le petit hôtel de Noailles, proche les Jacobins de la rue Saint-Honoré, qu'elle paya 150.000 livres à la duchesse de Noailles, enfin une maison rue du Bac, acquise sous le nom du comte de Voloir. De sorte que, pendant que des fortunes énormes s'engloutissaient dans le krack de la banque de Law, les biens immobiliers de la bonne demoiselle s'arrondissaient au soleil.

Sa dernière intervention dans les affaires politiques de la Régence eut lieu au moment de la conspiration de Cellamare en faveur du président de Mesme compromis dans cette gigantesque trahison. Ce magistrat avait supplié Mlle de Chausseraye de lui obtenir une audience secrète du Régent, il se faisait fort, affirmait-il, une fois devant ce prince, de justifier sa conduite. L'audience obtenue, le Régent confondit le magistrat en lui montrant une lettre de sa propre écriture où il répondait du Parlement vis-à-vis du roi d'Espagne. L'autre se retira médusé et le Régent eût donné incontinent l'ordre de l'arrêter sans la bonne Sibylle qui plaida avec tant d'habileté la cause du malheureux magistrat, en faisant comprendre au Régent qu'il avait avantage à se l'attacher par la clémence, que le prince consentit à ne pas punir.

Maintenant les années ont passé. Le Régent est mort, Mlle de Chausseraye, vieillie, s'est retirée du monde.

Elle vit confinée dans sa maison de Madrid, ne reçoit plus personne ; sa seule compagnie est son fidèle intendant Duplessis et son confesseur l'abbé d'Andigné, parent des La Porte de Vezins — singulier assemblage ! Mademoiselle tourne à la dévotion teintée de jansénisme. Elle se répand en bonnes œuvres, pensionne une juive convertie, Mlle Sarra, qu'elle a tenue sur les fonds baptismaux, et deux religieuses des Madelonnettes ; secourt la mère Catho, une pauvresse de Neuilly, et tient à jour ses livres de charités comme ses livres de ménage. Ce qui ne l'empêche pas d'économiser de gros sacs de louis d'or qu'on trouvera à sa mort cachés dans une armoire pratiquée dans un lambris de sa chambre à coucher. Elle a brûlé ses mémoires pleins de révélations curieuses sur la cour de Louis XIV, et Saint-Simon ne s'en est pas consolé. Enfin, le 18 février 1733 elle a fait son testament qui commence ainsi :

« Je suis née sans biens, et si Dieu a permis qu'il m'en soit tombé entre les mains par un événement auquel je ne pouvais pas m'attendre, je crois devoir lui en rendre hommage dans la personne de ses pauvres. »

Et elle a institué ses légataires universels l'hôpital général de Paris et l'hospice des Enfants Trouvés. Son fidèle Duplessis a reçu deux donations, l'une de 12.000, l'autre de 100.000 livres, elle lui a légué, en outre, ses chevaux, carrosses, berline, meubles, etc. Il n'est pas à plaindre. Son exécuteur testamentaire, Joly de Fleury, aura toute sa vaisselle d'argent, il y en a bien pour deux cent mille écus. Des boîtes cachetées contenant de petits souvenirs sont destinées à Mmes de Ventadour, d'Urfé, de Seignelay, de Croÿ, d'Auvergne, du Bois de la Roche. Comme elle sent que le moment suprême approche, elle vient d'envoyer aux Enfants Trouvés une somme de 40.000 livres en argent liquide.

Alors, toutes ses dispositions bien prises, tous ses adieux faits au monde et à la vie, la séduisante Chausseraye rendit son âme à Dieu, le 24 mars 1733, à l'âge de soixante-neuf ans, dans la couchette à bas piliers de noyer de sa silencieuse chambre de Madrid et elle fut inhumée dans l'église de Villiers-la-Garenne, alors église paroissiale, derrière le grand autel, en présence de l'abbé d'Andigné, docteur en Sorbonne, et de Picard, écuyer, sieur de la Chevalleraye, concierge du château de Madrid. La cérémonie fut des plus simples et des moins coûteuses, si l'on s'en rapporte à la note présentée par M. Touzé, curé de Saint-Martin de Villiers-la-Garenne; elle s'élevait à la modeste somme de 57 livres et comprenait ses honoraires, ceux de son vicaire, du bedeau, du sonneur, des enfants de chœur et des trois Cordeliers venus de Longchamp pour accompagner Mlle de Chausseraye jusqu'à sa dernière demeure. La note de Pader, chirurgien à Neuilly, avait été un peu plus élevée ; il est vrai qu'elle ne comprenait pas seulement les soins donnés à la défunte, mais aussi une dent arrachée à Janotte, la fille de cuisine, des saignées nombreuses à gros Georges et à Leblanc et enfin de la tisane de fleur de sureau, du sel de snobus et du sirop de diaprum pour la charpentière.

Et, lorsque l'hôpital général et l'hospice des Enfants Trouvés eurent payé 24 livres pour distribuer aux quatre cavaliers du gué qui accompagnaient le 31 mars 1733 les carrosses de Venise de MM. les officiers du Châtelet, chargés de faire à Madrid l'inventaire de la Sibylle du Bois de Boulogne, ainsi que 24 sols à chacun des cochers, ils purent jouir en paix du legs magnifique que leur avait fait la bonne demoiselle, amie du Grand Roi.

OUVRAGES CONSULTÉS POUR CET ARTICLE

Mémoires de Duclos. — Journal de Jean Buvat. — Archives nationales F. 238, 256, 307, O^{1}52, Y. 294. — Journal de Dangeau. — Mémoires de Joly de Fleury. — Mémoires de Saint-Simon, édition de Boislisle. — Correspondance de Bussy-Rabutin. — Revue rétrospective, 3e série, t. V. — Bulletin d'Auteuil et de Passy. — Tornezy : Mlle de Chausserais, dans le Bulletin des Antiquaires de l'Ouest. — Duchesne et T. de Grandsaigne : Le château de Madrid. — Archives de l'Assistance publique.

UN

INTERNONCE AU BOIS DE BOULOGNE

SOUS LA TERREUR

UN
INTERNONCE AU BOIS DE BOULOGNE
SOUS LA TERREUR

Nos voisins d'Angleterre, fanatiques d'exercices au grand air, ont mis à la mode, depuis quelques années, un sport nouveau qui consiste à aller s'installer en été sous la tente au bord de la Tamise, à y coucher, à y manger, en un mot à y mener la vraie vie nomade, avec, comme distractions, le canotage sur le fleuve et les picknick entre voisins de tentes. Cela s'appelle faire du « camping ». Lorsqu'on est un adepte convaincu du « camping » on prépare soi-même sa cuisine, on vaque soi-même à tous les soins du ménage improvisé, et, pour peu que la température soit clémente à ces chevaliers de la belle étoile, il paraît que c'est délicieux.

Cela l'est peut-être moins lorsqu'on est contraint de se livrer à ce sport pour échapper à la guillotine, comme il advint en avril 1794 à Mgr de Salamon, internonce du pape à Paris pendant la Révolution, obligé, sous peine de mort, de faire du « camping » dans le bois de Boulogne.

On se l'imagine mal errant de fourré en fourré, chargé d'un petit fourneau et d'une petite casserole attachés sur son dos avec une ficelle, achetant aux fermières des environs de la salade, quelques carottes, du céleri, tâchant de se procurer un demi-quarteron de beurre, lorsqu'il y avait des distributions gratuites dans le village de Neuilly, de Boulogne ou d'Auteuil, puis rentrant sous bois pour faire sa popote sur un discret feu de branches mortes allumé avec un briquet, et allant ensuite chercher un gîte pour la nuit de préférence sous un kiosque du côté d'Auteuil, où les habitants du village venaient danser le dimanche, avec pour vêtement une carmagnole de grosse camelote heureusement fourrée à l'intérieur, car en avril les nuits sont souvent piquantes. Bref, le « camping » dans toute son austérité.

Disons par suite de quelles circonstances dramatiques Louis Sifférin de Salamon, conseiller clerc au Parlement de Paris, internonce du pape dans la capitale depuis que le nonce du Pape, Mgr Dugnani, avait été contraint de quitter la France en 1791, fut réduit à cette pénible extrémité de devenir, en quelque sorte, le « sauvage du Bois de Boulogne ».

Il était né en 1760 à Carpentras, avait fait ses études au Collège de la Trinité de Lyon, avait acheté en 1794 une place de conseiller clerc au Parlement de Paris et, durant les cinq années qui précédèrent la Révolution, avait mené une existence fort agréable, reçu dans l'intimité des grands parlementaires, ses collègues. Ses tendances libérales l'avaient fait se lier surtout avec Le Pelletier de Rosambo, président à mortier, gendre de

LES MASSACRES DE SEPTEMBRE 1792.
Dessin de Swebach-Desfontaines.

Malesherbes. Cet homme aimable, pour lequel Chateaubriand s'est montré bien sévère en prétendant qu'il était un « modèle de légèreté », conviait l'abbé de Salamon à aller dans la belle saison villégiaturer chez lui dans le château de Madrid au Bois de Boulogne, dont il était par partie locataire.

Entre temps notre héros s'était trouvé prendre part comme membre du Parlement aux débats de l'affaire du Collier. Bref c'était un homme assez en vue pour que, lors de la suppression des parlements en 1789, il fût désigné pour faire partie de la Chambre des Vacations, chargée de remplir l'intérim jusqu'à la mise en train de la nouvelle organisation judiciaire. Calvet a fait à cette époque un portrait très avantageux de l'abbé de Salamon. Le conseiller clerc, très recherché dans sa toilette, y est représenté en robe noire à larges manches bordées de pourpre avec le rabat de conseiller du Parlement, les cheveux poudrés encadrant un visage agréable aux traits réguliers, yeux vifs et lèvres minces. De l'ensemble se dégage une impression d'énergie virile, tempérée par une recherche de distinction presque féminine.

Elle n'est point menteuse cette impression d'énergie donnée par l'artiste à son modèle, car celui-ci devait bientôt en fournir de nombreuses et indubitables preuves, d'abord en signant avec Le Pelletier de Rosambo et ses collègues de la chambre des vacations une protestation contre l'abolition des Parlements, laquelle protestation, découverte dans l'hôtel de Rosambo à Paris, les fit, par la suite, tous condamner à mort ; en second lieu, après sa nomination par Pie VI à la dignité d'internonce auprès de Louis XVI — dignité à laquelle Salamon avait tous les droits, attendu que depuis 1786 il était déjà l'informateur officieux du Saint-Siège — en présentant au roi le 6 octobre 1792 une très courageuse adresse des catholiques de Paris pour protester contre le serment civique exigé des membres du clergé. Aussi ne l'oublia-t-on pas dans le coup de filet préparatoire aux massacres de septembre. Arraché de son domicile de la Cour des Fontaines, où il vivait très retiré avec sa vieille servante Blanchet, depuis trente ans dans la famille — un de ces délicieux types de servantes d'autrefois, prêtes à se faire hacher pour sauver leurs maîtres — il fut enfermé à l'Abbaye.

Vient l'heure du massacre et la comparution devant un semblant de tribunal que préside un individu à perruque poudrée, vêtu de noir. Vous croyez peut-être que l'abbé de Salamon, médusé par l'horreur de cette scène de carnage, va balbutier quelque vague réponse à l'interrogatoire du président : ce serait bien peu le connaître. Tout au contraire il s'élance brusquement vers la table autour de laquelle siège le tribunal, et, sans attendre la fatale question qui doit décider de son sort : « As-tu prêté serment ? » question à laquelle sa conscience de prêtre lui interdit de répondre par un mensonge :

— Citoyen président, s'écrie-t-il, je demande la parole.
— Qui es-tu ?
— J'étais clerc au Parlement de Paris et je suis un homme de loi.

Le président opine qu'en effet le prisonnier est connu dans les tribunaux de Paris.

Aussitôt notre abbé, enhardi par ce premier succès, se

plaint amèrement d'avoir été arrêté sans qu'on lui ait fait subir d'interrogatoire et, à l'appui de ses dires, il présente un billet de Pétion lui promettant sa mise en liberté.

Il y a parmi les juges un moment d'hésitation tandis qu'à la porte les massacreurs s'impatientent. Quelqu'un, à tout hasard, propose d'envoyer l'accusé au violon jusqu'à plus ample informé. Justement la porte du violon est grande ouverte à côté. Lui ne perd pas la carte :

— Au violon... j'y vais !

Et il disparaît précipitamment dans le sombre réduit, pendant que le tribunal, pressé de poursuivre sa sinistre besogne, fait comparaître... le suivant.

Mgr de Salamon était sauvé... momentanément du moins. L'eût-il été pour longtemps sans sa fidèle servante Blanchet ? La brave fille, les massacres à peine terminés, était accourue chercher parmi les cadavres celui de son maître et, ne l'ayant pas trouvé, elle avait repris espoir. Comme elle rentrait chez elle, elle avait aperçu un membre de la Commune de Paris, Sergent, qui passait ceint de son écharpe tricolore ; aussitôt elle avait été se jeter à ses pieds en lui criant dans un sanglot :

— « Monsieur, rendez-moi mon maître, le meilleur de tous les hommes ! »

Et Sergent avait vaguement promis.

Mais deux protections valent mieux qu'une. C'est pour cela que l'infatigable Blanchet s'était rendue tout droit chez Hérault de Séchelles, président de l'Assemblée Législative, ancien collègue au Parlement de l'abbé de Salamon, pour le supplier d'intervenir en faveur du prisonnier. Et lui aussi, Hérault, avait promis. Que valaient toutes ces promesses ? Mélancolique, Blanchet se le demandait tout en errant dans le jardin des Tuileries lorsque sa bonne étoile lui fit faire la rencontre de l'abbé Torné, — encore une ancienne connaissance de l'abbé de Salamon — actuellement député à la Législative, qui passait sans la reconnaître. Une inspiration soudaine : la grande et forte fille se campe devant l'abbé et, comme à sa prière de faire mettre en liberté Monseigneur ce dernier a répondu distraitement : « j'irai » :

« — Il ne s'agit pas de dire : j'irai, réplique rudement la bonne en le saisissant au collet, il faut y aller... et tout de suite. »

Bon gré, mal gré, l'abbé Torné dut suivre Blanchet jusqu'à la prison et requérir la mise en liberté du citoyen Salamon. Plus tard, bien plus tard, le pape récompensa Blanchet de son dévouement en lui donnant 3.000 livres en lettres de change sur Paris.

Mais, pour l'instant, la servante et son abbé étaient encore loin d'avoir fini de jouer leur rôle dans le drame révolutionnaire. La Terreur régnait. Un beau matin, Salamon apprit que tous les membres du Parlement, qui avaient signé avec lui la protestation contre l'abolition des Parlements : le Pelletier de Rosambo, Saron, d'Ormesson, de Marcé, Pasquier et autres, étaient décrétés d'arrestation. Le premier soin de l'internonce, à cette nouvelle, fut de courir se réfugier chez une dame Dellebart, rue Sainte-Apolline ; bien lui en prit, car, le jour même, la section dite « des bandits » perquisitionnait chez lui, et, en l'absence du maître, elle faisait incarcérer la servante dans le couvent des Augustines Anglaises, rue des Fossés-Saint-Victor, transformé en maison de détention pour femmes.

Alors commença pour notre héros cette vie errante dont le couronnement allait être le « camping » en plein Bois de Boulogne. Après l'arrestation de sa bonne, son principale souci fut de chercher à se rapprocher d'elle en se logeant rue des Cordeliers, proche l'Ecole de Médecine, chez un prêtre déguisé en professeur de cette école. Puis, voyant son hôte inquiet d'avoir un locataire aussi compromettant, il le quittait bientôt pour s'en aller errer sans but au bord de la Seine jusque vers Passy, après avoir essayé d'entrer, près de la Muette, chez une dame de sa connaissance et avoir dû se retirer précipitamment à l'appel d'une sentinelle qui lui criait : « Que veux-tu ? » — la dame venait d'être arrêtée dans le moment même. De guerre lasse, l'abbé avisa dans le bois, près d'Auteuil, le kiosque sous lequel on dansait aux grandes fêtes et, l'obscurité venue, les lumières disparues aux fenêtres du garde forestier, résolut d'y passer sa première nuit de plein air, avec pour lit le plancher du kiosque et pour matelas un peu de paille ramassée dans les prairies. Quel sommeil angoissé, fiévreux, souvent interrompu par les bruits nocturnes des bois : un chien qui hurle au perdu dans une ferme lointaine, un daim qui bondit hors du fourré pour se rendre au gagnage ! A l'aube il s'enfonçait dans la direction de Bagatelle et reconnaissait les moindres sentiers de ce quartier pour y avoir flâné jadis du temps de ses villégiatures estivales à Madrid chez l'aimable Rosambo.

Petit à petit sa vie nomade va s'organiser ; Salamon retournera fréquemment à Paris. Il ira bientôt rendre visite à la si dévouée Mme Dellebart qui le fournit de linge, cravates et chemises ayant appartenu à son défunt mari, de vin de Malaga, de café moulu, ou bien acceptera à déjeuner chez un pur jacobin, dont la femme, amie de Blanchet, lui donne des nouvelles de la prisonnière ; puis retour tous les soirs coucher dans le bois et, pour ne pas se faire remarquer à la barrière, il se mêle aux groupes des laveuses, qui regagnent à la tombée du jour leur logis en banlieue, on le prend pour leur garçon. Capricieux, parfois la fantaisie lui vient de changer de résidence et d'aller chercher gîte sous le pont de Saint-Cloud.

A certains jours son existence forestière s'égayait de quelques passe-temps imprévus : la rencontre dans les bois de Meudon d'un chanoine de Sainte-Geneviève errant comme lui, et, une autre fois, celle de l'abbé Girard, l'auteur du « Comte de Valmont », cet ennuyeux roman philosophique que goûtaient si fort nos aïeux. A eux trois ces Messieurs tenaient de grands conciliabules sur les affaires ecclésiastiques du royaume à l'ombre des futaies, devant un auditoire de merles et de pinsons et la séance était close par un frugal déjeuner de pommes de terre cuites sous la cendre dans une clairière. Autre passe-temps : Jussieu faisait avec ses élèves des excursions botaniques dans le bois de Meudon : l'abbé de Salamon se joignait à la troupe joyeuse pour prendre sa part des enseignements du savant.

Durant une de ses promenades il avait poussé presque jusqu'à Neuilly et avait rencontré par là une dame de ses anciennes connaissances d'avant la Révolution qui vivait réfugiée dans le village en vertu du décret de la Convention du 14 germinal an II, défendant aux ci-devant nobles d'habiter dans l'enceinte de Paris ; elle s'appelait la marquise d'Eutelx, née de Gaveson, et était fille du comte de Vogué, son mari commandait les armées de la République. Cette dame offrit à l'internonce de l'installer chez elle ; la proposition était bien tentante pour le pauvre errant, surtout faite avec une très aimable insistance ; il la déclina pourtant par prudence et bien lui en prit, car, quelques jours plus tard, tous les nobles de Neuilly étaient arrêtés et emprisonnés au Plessis.

Une autre fois où il s'était risqué jusqu'aux Ternes pour acheter du sucre, l'abbé ayant par malheur payé l'épicier avec un assignat faux, faillit être traîné à la section comme faussaire. Enfin ses angoisses furent portées à leur comble après qu'il eut entendu dans une auberge, où il était entré pour boire un peu de bière, la conversation suivante entre deux braves sans-culotte :

« Allons, c'est aujourd'hui le tour du Parlement d'éternuer dans la lunette », ricanait l'un.

Et l'autre soupirait :

« Il ne manque que ce scélérat de Salamon, on n'a pu que le condamner à mort par contumace. »

Dès lors et plus que jamais le malheureux proscrit se terra au plus profond du Bois de Boulogne. Il y fut rencontré un soir par deux femmes qui se promenaient, et n'ayant pu les éviter, résolut de se confier à leur discrétion ; mais, comme cet homme des bois leur faisait peur :

« Gardez le silence, qui que vous soyez, leur dit-il en les abordant. Vous n'avez rien à craindre. »

Ces deux femmes le prirent en pitié, même elles le recueillirent dans une maisonnette isolée du faubourg du Roule pendant les derniers jours du règne de Robespierre.

Ce fut là le terme de la vie nomade de Mgr de Salamon dans les fourrés du Bois de Boulogne. Thermidor vint à point pour lui permettre de reparaître dans Paris ; la pauvre Blanchet sortit pâle et amaigrie de la prison des Anglaises, mais enfin elle dut s'estimer heureuse d'avoir échappé à la guillotine et de retrouver son maître sain et sauf. Bientôt, grâce à Bourdon de l'Oise qui fit lever les scellés chez l'internonce, ils purent réintégrer enfin leur paisible domicile de la cour des Fontaines.

Mgr de Salamon devait encore connaître sous le Directoire les angoisses d'une arrestation à la suite du refus de Concordat opposé par la cour de Rome aux avances du gouvernement. Détenu quelques jours à la Conciergerie, il y vit le carlin de la malheureuse reine Marie-Antoinette, que Richard, le geôlier, avait recueilli après son exécution. Puis le vent de l'adversité cessa de ballotter l'existence de l'internonce, elle devint obscure et dès lors manqua totalement d'intérêt historique ; ce qui n'empêche pas que le digne homme dut préférer cette banale obscurité à la gloire de faire du « camping » forcé dans les fourrés du Bois de Boulogne, comme il en avait eu naguère le loisir durant les fraîches nuits de floréal an II.

OUVRAGES CONSULTÉS POUR CET ARTICLE

Mgr de Salamon : Mémoires inédits de l'internonce à Paris. — Mme de Custine : Mémoires. — G. Duchesne et H. de Grandsaigne : Histoire du Château de Madrid. — Archives nationales : W¹ 349. — G. Cain : A travers Paris.

LA FAMILLE D'ORLÉANS

A NEUILLY

LA FAMILLE D'ORLÉANS

A NEUILLY

Le souvenir du château de Neuilly — cette demeure princière, blottie jadis dans un nid de verdure aux portes de Paris, dont il ne reste plus aujourd'hui qu'une aile maquillée, transformée en maison religieuse, à l'angle des boulevards de la Saussaye et d'Argenson, un pavillon dit le petit château, et une dépendance, la conciergerie, boulevard de la Saussaye, au coin de l'avenue Sainte-Foy — se trouve lié étroitement à l'histoire de la famille d'Orléans, qui en a été propriétaire pendant trente ans et l'a habité régulièrement tous les étés de 1817 à 1848.

Lorsque le duc d'Orléans — futur Louis-Philippe — revint d'Angleterre, en 1816, un de ses premiers soins fut de s'enquérir d'une jolie campagne, proche de la capitale, où installer l'été sa famille, déjà nombreuse, pour y vivre bourgeoisement un peu en marge de la cour de Louis XVIII, où son nom sonnait mal aux oreilles des ultras. Son choix s'arrêta sur le château de Neuilly redevenu propriété de la couronne depuis la chute de l'empire. Pour l'avoir, il donna en échange les écuries de Chartres, situées rue Saint-Thomas-du-Louvre — aujourd'hui place du Carrousel — et au mois d'août 1817, la duchesse, à peine débarquée d'Angleterre, venait en prendre possession avec sa belle-sœur, Madame Adélaïde et ses enfants.

C'était vraiment la propriété rêvée, cette riante demeure, au bord de la Seine, avec ses terrasses étagées jusqu'au fleuve, ses salles de verdure, ses parterres fleuris, ses tapis de gazon, ses champs de roses ; avec son parc immense couvrant près de la moitié du territoire de Neuilly depuis le bord de l'eau jusqu'aux Ternes ; avec son bras de rivière enclavé dans le domaine ; avec son île de la Grande-Jatte, déserte et boisée à souhait pour donner aux jeunes princes l'illusion d'être des Robinsons.

Aussi quel enthousiasme chez les enfants de Louis-Philippe lorsqu'ils parlaient de Neuilly ! Que de souvenirs de leurs jeunes années étaient demeurés accrochés à tous les coins de ce parc, transformé aujourd'hui en boulevards et en avenues ; où on les laissait grimper aux arbres fruitiers, gauler les noyers, vagabonder à travers bois, vergers, prés et champs, car il y avait des champs dans l'énorme enclos, des champs où le prince de Joinville s'amusait à arracher des pommes de terre en compagnie des paysans. — Il le raconte tout au long dans ses souvenirs.

Par exemple, ne lui demandez pas de vous décrire le château tel qu'il était de son temps ; il serait incapable de vous en détailler les façades et les avant-corps. Ce qui ne l'empêchera pas de donner une idée très nette de la physionomie générale des bâtiments, en deux lignes : « Neuilly était un vaste château sans prétention, sans architecture, composé presque exclusivement de rez-de-chaussées ajustés les uns au bout des autres, de plain-pied avec de ravissants jardins. »

C'est que, pour le prince ainsi que pour ses trois sœurs et ses cinq frères, le château, c'était les leçons avec le sévère M. Trognon, l'étiquette devant les étrangers, la correction en présence des parents ; tandis que le parc, c'était les galopades dans la rosée à cinq heures du matin, avant le départ pour le collège, les parties de canotage en Seine, les pleine-eau en se laissant dériver au fil du courant, quelquefois jusqu'au pont d'Asnières : le parc, c'était la bride sur le cou !

Quant au duc d'Orléans, devenu propriétaire pour la première fois de sa vie, il s'occupait avec passion de transformer et d'embellir son domaine. « On le voyait, dit Jules Janin, au milieu des maçons, grimper aux échelles mieux que M. Fontaine, son architecte. » C'est lui qui fit bâtir l'aile droite du château, la seule qui subsiste aujourd'hui et qu'on a appelée à tort l'aile de Madame Adélaïde. Je dis : à tort, car c'était en réalité l'aile particulière du prince, qui y avait son cabinet de travail, situé à l'angle nord de la cour d'honneur, aujourd'hui l'angle des boulevards d'Argenson et de la Saussaye.

Or, si l'on en croit la tradition, de ce cabinet, qui avait vue sur l'avenue principale du château, que remplace actuellement le boulevard d'Argenson, le duc d'Orléans, devenu le roi Louis-Philippe, regardait avec une lorgnette de théâtre venir de loin les visiteurs, ce qui lui permettait de prendre d'avance ses dispositions pour les recevoir ou les éconduire, selon le cas.

Il fit construire également une partie des bâtiments qui reliaient le grand château au petit château.

Le petit château existe encore boulevard de la Saussaye ; il appartient, comme je l'ai dit ailleurs, au prince de Wrède, qui l'habite actuellement.

Entre temps, Louis-Philippe s'arrondissait, comme on dit à la campagne, en achetant tout ce qui faisait enclave à son parc. C'est ainsi qu'il eut longtemps maille à partir avec deux vieilles dames, ses voisines : la maison et le jardin de l'une formaient un angle rentrant dans la ligne des murs du parc ; l'autre était propriétaire d'un terrain qui empêchait le prince de reporter ses grilles d'entrée jusqu'à la route des Ternes. Il fallut les nombreuses démarches d'Oudard, l'homme de confiance du château, les visites réitérées du maire de Neuilly, l'abbé de Labordère, agrémentées de compliments à l'une de ces dames sur sa santé, à l'autre sur l'esprit de sa conversation, et surtout les espèces sonnantes offertes par le notaire, Me Labie, pour obtenir qu'elles capitulassent ; encore, avec la dernière, on dut la menacer de l'enclore, ce à quoi elle répliqua triomphalement « qu'elle plaiderait contre le roi » pour revendiquer un droit de passage à travers ses propriétés.

Jusqu'en 1830, l'existence de la famille d'Orléans à Neuilly fut celle de riches bourgeois à la campagne ; même après l'avènement au trône, le train de maison demeura toujours fort simple, si j'en crois les Parisiens de l'époque, qui se rappellent « avoir vu souvent passer dans les Champs-Elysées un grand omnibus royal, tout

ARRIVÉE DE LOUIS-PHILIPPE, DUC D'ORLÉANS, A L'HOTEL DE VILLE, LE 31 JUILLET 1830.
Tableau de Larivière.

à fait semblable à des voitures populaires, dans lequel s'entassaient le roi, sa femme, sa sœur, ses quatre fils et ses trois belles-filles s'en allant dans un joyeux incognito à « la maison de Neuilly », où chacun retrouvait son logement préféré ».

Le roi et la reine habitaient au-dessus des appartements de réception, dans la partie la plus ancienne du château, dite le pavillon d'Argenson, située au fond de la cour d'honneur. Dans l'aile des princes, à gauche, demeuraient le duc de Nemours et ses sœurs.

Le duc d'Orléans était au petit château, le prince de Joinville avait sa pagode près de la cour des Volières, le château de Villiers avait été attribué au duc d'Aumale et le pavillon de Wurtemberg, en plein milieu du parc, au duc de Montpensier.

... C'est le soir au château. Les portes du salon et de la salle de billard sont grandes ouvertes sur les jardins baignés d'ombre. Dans le salon, autour d'un guéridon, la duchesse d'Orléans, sa belle-sœur, Madame Adélaïde, et ses filles, les princesses Louise — la future reine des Belges — Marie, la gracieuse artiste, travaillent pour les pauvres de Neuilly. Les hommes, dans la pièce à côté, causent par groupes autour du billard.

Dans une embrasure, le groupe des abbés : les abbés de Saint-Phar et de Saint-Albin, cousins de la main gauche de Louis-Philippe, s'entretiennent avec l'abbé de Labordère, ancien grand vicaire de l'évêque de Fréjus, devenu maire de Neuilly. Autre groupe autour du maréchal Gouvion-Saint-Cyr, voisin de campagne dont la propriété est contiguë à celle du duc d'Orléans. Devant la cheminée le futur roi parle marine avec l'amiral comte de Sercey, vétéran des guerres de l'Inde, — resté fidèle à la queue sur le dos de l'ancien régime, — et avec l'amiral Villaumetz, cependant que dans un coin, à l'autre bout du billard, le petit prince de Joinville, un bambin de douze ans, a accaparé le général Drouot pour lui faire raconter ses campagnes. Ceci se passe au commencement de l'été 1830. Qui pourrait soupçonner que dans quelques semaines une révolution va bouleverser si profondément la vie paisible de toute cette famille ?

Le 27 juillet, la veille des Trois-Glorieuses, le duc d'Orléans avait donné rendez-vous à une vieille dame anglaise, autrefois sa voisine du temps où il habitait Twickenham, pour lui faire visiter son parc de Neuilly ; les enfants étaient allés, avec la permission de leur mère, à l'école de natation de Paris et avaient salué, en revenant, près de la porte Maillot, la duchesse de Berry qui passait à cheval, entourée d'un groupe d'écuyers. Le soir, on s'était séparé fort tard, et comme le duc et la duchesse rentraient dans leur chambre, où ils partageaient bourgeoisement le même lit, ils avaient entendu dans la direction de Paris le bruit d'une fusillade.

Le lendemain, 28, les professeurs des princes, en venant à Neuilly donner leurs leçons, apportaient des nouvelles de l'insurrection partout triomphante, et le duc d'Orléans de s'écrier : « Pauvre Paris !... Pauvre France !... »

Comme on craignait, dans son entourage, quelque attentat contre sa personne — la garde royale occupait la caserne de Courbevoie et gardait le pont de Neuilly, les Suisses étaient cantonnés à Rueil — il se retira durant cette journée dans la laiterie, un petit pavillon construit par Fontaine au milieu du parc ; la duchesse et Madame Adélaïde allèrent seules le visiter.

Le 29, ce n'est plus une insurrection, c'est une révolution. Les troupes royales abandonnent Paris et se replient sur Rambouillet par le Bois de Boulogne ; la bataille se rapproche de Neuilly. Des détachements rôdent autour du parc. Le château n'est plus une retraite sûre pour le duc d'Orléans ; il se décide à partir pour Le Raincy à pied, accompagné seulement de son fidèle Oudard ; il porte un chapeau gris, auquel Madame Adélaïde a accroché une cocarde tricolore.

C'est l'homme de la famille, Madame Adélaïde !... Dès qu'elle a vu la tournure que prenaient les événements, elle a décidé qu'il était temps de « faire la coupure avec la branche aînée », et elle a déchiré les étoffes de soie de sa garde-robe pour fabriquer des cocardes nationales à tous les gens du château.

Cependant cette journée du 29 devait être particulièrement critique pour les châtelains de Neuilly. Une barricade avait été élevée par des paysans à l'entrée du chemin de la Révolte près de la porte Maillot.

Naturellement, les troupes royales, en se retirant, l'avaient canonnée et il était tombé trois boulets dans le parc. Les princesses décidèrent alors de se retirer avec les enfants dans le château de Villiers, contigu à celui de Neuilly, qui faisait partie de la même propriété ; mais elles ordonnèrent de laisser ouvertes les portes du parc pour permettre aux soldats de l'armée royale isolés et fuyant Paris de s'y réfugier. Là, on les faisait manger, on leur donnait des casquettes et des blouses et on les passait en bateau sur l'autre bord de la Seine.

30 juillet : la bataille est finie. De bon matin, Vatou, le poète immortalisé par sa chanson du « Maire d'Eu », est accouru à Neuilly annoncer qu'on songe à offrir la couronne royale au duc d'Orléans. La duchesse l'a accueilli par des sanglots : « Ah mon Dieu, il est perdu ! »

Toute la journée, il y eut des allées et venues d'hommes politiques entre Paris et Neuilly. Visite de Dupin et Persil, chargés de décider le duc d'Orléans à accepter la lieutenance générale du royaume ; mais le duc d'Orléans était absent et les princesses restaient muettes. Visite encore, dans la soirée, de Delavigne, Dupin et Lagarde, avec plusieurs autres députés, venus à pied — toutes les routes sont coupées par des barricades. Ils se présentent poussiéreux et couverts de sueur. « La Chambre a décidé que le duc d'Orléans serait lieutenant-général, il est urgent qu'il se montre dans Paris. » Le duc demeure introuvable.

Cependant, le soir de ce même 30 juillet, Louis-Philippe, tenu au courant des événements par Oudard, quittait le Rancy, et, la nuit venue, rentrait à la chut-chut dans son parc de Neuilly par une petite porte. Au plus épais du bois, aux Poteaux-Ronds, sa femme et sa sœur l'attendaient.

Elles lui apportaient la résolution de quarante députés, votée le jour même par la Chambre. Il la lut à la lueur d'un flambeau dont la flamme vacillait au vent de la nuit, puis, après une courte délibération en famille, on décida que le duc d'Orléans rentrerait le soir même au Palais-

MARIE-AMÉLIE, REINE DES FRANÇAIS.
Tableau de Winterhalter. (*Musée de Versailles.*)

Royal, accompagné seulement de M. de Berthois. C'était le premier pas vers le trône !...

Le 31 juillet, les princesses et les jeunes princes, accompagnés du fidèle Oudard, quittaient à leur tour Neuilly, à pied, par la porte du parc la plus éloignée du château, celle qui donnait sur le chemin des Ternes.

Voyant passer un omnibus, nommé Caroline — en l'honneur de la duchesse de Berry — tous montèrent dedans et arrivèrent sans être reconnus jusqu'à la première barricade du faubourg du Roule. Là, impossible d'aller plus loin. On remit un napoléon d'or au conducteur, que cette générosité surprit ; la duchesse d'Orléans prit le bras d'Oudard, donnant l'autre main à un de ses enfants ; Madame Adélaïde se chargea des jeunes filles ; les autres suivirent sagement, et on arriva franchissant, non sans peine, les débris des barricades, traversant les rues dépavées, toujours à pied, jusqu'au Palais-Royal, où le père, anxieux, les attendait.

Devenu roi de France, le duc d'Orléans demeura toujours fidèlement attaché à son domaine de Neuilly. Quant à Marie-Amélie, pour se donner une idée de son affection pour cette demeure, il suffira de lire, dans les mémoires de Dupin, le passage où il dit qu'elle avait consacré une petite pièce dans le château à recevoir, comme dans un musée, les couronnes et les livres obtenus par tous ses enfants, princes et princesses, au cours de leurs études.

Hélas ! le pieux musée devait bientôt s'enrichir de navrantes reliques après l'affreuse catastrophe de la mort du duc d'Orléans, route de la Révolte.

Aussi, j'imagine que, lorsqu'en 1848, la pauvre reine

détrônée connut l'incendie et la destruction du château de Neuilly, si elle pleura sa chère maison, ce fut surtout parce qu'à cette maison se rattachait le souvenir toujours présent de l'enfant qu'elle y avait perdu et des jours heureux à jamais disparus.

OUVRAGES CONSULTÉS POUR CET ARTICLE

Prince de Joinville : Vieux souvenirs. — J. Janin : L'hiver à Paris. — Dupin : Mémoires. — Dr Poussiès de la Siboutie : Souvenirs d'un médecin de Paris. — Bulletin de la commission historique de Neuilly, 1907. — Cuvillier-Fleury : Journal et correspondance intimes. — Appert : Dix ans à la cour de Louis-Philippe. — Alexandre Dumas : Histoire de Louis-Philippe.

LE COMTE D'ARGENSON
ET SA MAISON DE NEUILLY

LE COMTE D'ARGENSON

ET SA MAISON DE NEUILLY

Le nom de d'Argenson est très populaire à Neuilly. Un boulevard porte ce nom ; il est situé exactement sur l'emplacement de l'ancienne avenue d'honneur qui conduisait au château. Tout le monde sait aussi que c'est un d'Argenson qui, au XVIIIe siècle, a fait construire le château de Neuilly, dont il reste si peu de chose aujourd'hui qu'on est embarrassé parfois pour préciser son emplacement exact.

Mais quel est le d'Argenson qui entreprit de bâtir cette demeure destinée au début, si nous en croyons Barbier, à n'être qu'une simple maison de campagne, ce qui ne l'a pas empêchée plus tard de devenir un château royal ?

De 1700 à 1800, il n'y eut pas moins de cinq d'Argenson « fort connus dans l'histoire ». D'abord Marc-René, le lieutenant général de police de Louis XIV, qui se retira sur ses vieux jours, comme pensionnaire très choyé, chez les religieuses de l'abbaye de Trainel, rue de Charonne. Puis ses deux fils, René-Louis, l'aîné, le marquis, surnommé à la Cour « la Bête », qui a été ministre des Affaires Étrangères de Louis XV et a écrit des mémoires plus malicieux que bêtes ; et le cadet, Marc-Pierre dit « la Chèvre » à cause de son habileté à se maintenir aux plus hauts sommets du pouvoir : il occupa le ministère de la Guerre pendant vingt-sept ans, ce qui ne l'a pas empêché de mourir disgracié.

En troisième ligne il y avait le fils de l'aîné, le marquis de Paulmy, — le fondateur de la bibliothèque de l'Arsenal — qui succéda un instant à son oncle au ministère de la Guerre, et Marc-René, marquis de Voyer, fils du second, lequel fit toute sa carrière dans les armées du roi. Cela fait bien cinq.

De tous ces d'Argenson le créateur du château de Neuilly est Marc-René (la Chèvre), né le 16 août 1696, reçu avocat au Parlement en 1715, avocat du roi au Châtelet en 1718, conseiller au Parlement en août 1719, maître des requêtes en novembre de la même année, enfin lieutenant général de police de la ville de Paris, après son père, en 1720, avant même d'avoir atteint sa majorité — l'avancement des fonctionnaires était incontestablement plus rapide en ce temps-là qu'il ne l'est aujourd'hui.

C'est seulement en 1740, au cours d'une visite à son vieil ami Moreau de Séchelles, intendant des armées, dans sa seigneurie de Villiers-la-Garenne, que le comte d'Argenson, suivant les berges ombragées de peupliers et de saules qui bordaient la Seine en aval du vieux pont de Neuilly, fut charmé par le calme recueilli de ce coin de verdure et décida d'y acheter la propriété de Mme de

Gontaut-Biron avec la pensée de construire plus tard à la place de la bicoque existante une luxueuse habitation.

Il était alors chancelier du duc d'Orléans depuis 1723, après avoir été contraint d'abandonner sa lieutenance de police à Paris par suite de son opposition déclarée au système de Law. Un moment le Régent l'avait envoyé diriger l'intendance de Tours puis remis de nouveau à la tête de la police parisienne, où son habileté de fin diplomate contribua à tirer le prince d'un pas difficile lors de l'arrestation du maréchal de Villeroy en 1722. Comme le petit roi Louis XV réclamait en sanglotant son cher précepteur l'abbé Fleury, qui avait fait cause commune avec le maréchal et s'était retiré sous sa tente à Issy, d'Argenson prit sur lui d'expédier d'urgence à l'abbé l'ordre formel « au nom du roi » de reparaître à la Cour. Aussi, depuis lors, le Régent déclarait à qui voulait l'entendre que d'Argenson « était propre aux commissions les plus délicates ».

Il ne tarda pas à lui témoigner sa reconnaissance en lui donnant la surintendance de sa maison et de ses finances, devenue vacante par le décès de Le Pelletier de la Houssaye, au grand dam du fils du défunt, qui avait eu la maladresse insigne de venir annoncer l'événement juste pendant un entretien du duc d'Orléans avec son lieutenant de police.

En 1724, le Régent mort, son chancelier fut chargé d'une mission de diplomatie conjugale par la douairière d'Orléans à Bade. A son retour il passa par Wissembourg, y vit à la cour du bon roi Stanislas sa fille Marie Leczinska et, rentré à Paris, notre ambassadeur ne tarit pas en éloges sur les mérites de la jeune princesse devant le duc de Bourbon, alors premier ministre, et son Egérie, Mme de Prie, si bien que l'idée leur vint de marier le roi Louis XV avec la petite Polonaise. Le projet prit corps et, l'année suivante, le duc d'Orléans, fils du Régent, accompagné de son fidèle d'Argenson, se rendait à Strasbourg épouser par procuration la reine future.

Durant les années qui suivirent, Marc-Pierre se contenta d'exercer avec zèle ses fonctions de chancelier du duc d'Orléans jusqu'au jour où, après avoir été élu membre de l'Académie des Sciences en 1726, il fut chargé en 1737 par d'Aguesseau de la direction de la Librairie, fonctions délicates entre toutes à ce moment où la querelle des jansénistes battait son plein. Armé des foudres de l'autorité il fallait savoir n'en user qu'avec discernement pour ne pas exaspérer des susceptibilités trop surexcitées déjà par la lutte. Le directeur s'en tira à son très grand honneur, je n'en veux pour preuve que les affectueuses relations qu'il conserva dans la suite avec tous les grands écrivains de son temps. Ce qui ne l'empêchait pas, lorsqu'il avait affaire à un pamphlétaire comme l'abbé Desfontaines, de l'obliger à signer la rétractation de ses libelles et de répondre froidement à cet auteur qui se défendait de l'amertume de ses pamphlets en objectant le besoin de vivre : « Mais... je n'en vois pas la nécessité. »

Désormais les honneurs vont lui venir en foule. Conseiller d'Etat depuis 1724, le cardinal Fleury nomme, en 1741, le comte d'Argenson intendant de la généralité de Paris, — comme qui dirait préfet de la Seine — avec

MARC-PIERRE DE VOYER DE PAULMY D'ARGENSON.
*Tableau d'*Hyacinthe Rigaud. (*Musée de Versailles.*)

dans son département les cours souveraines, les académies, le jardin du roi, les haras, etc...

Il entre au Conseil du Roi le 25 août 1742 en qualité d'adjoint au cardinal de Tencin, avec le titre de ministre d'État, et on le chansonne dans un pont-neuf intitulé : « Le testament de M. le cardinal Fleury », sur l'air des Pendus :

> J'ai mis au conseil d'Argenson,
> C'est un fort aimable garçon.
> Propos de table et de ruelle,
> Il jase de tout à merveille.
> Prenez-le, Sire, en attendant,
> Pour vos petits appartements !

Le roi le prit en effet à la mort du marquis de Breteuil, en 1743, comme ministre de la Guerre. A propos de cette nomination, le roi de Prusse a dit d'un ton de profond dédain :

« Qu'on se représente un chancelier du duc d'Orléans, un robin plein de Cujas et de Berthole qui devint ministre de la Guerre au moment où l'Europe était toute en feu. »

Il fallait bien peu connaître Marc-Pierre pour le comparer à un robin plein de Cujas et de Berthole, lui qui allait faire preuve d'un si grand courage militaire, impassible aux côtés du Roi, à Fontenoy, tandis que, deux longues heures durant, il put croire son fils tué dans une charge contre les Anglais ; et de si grandes capacités comme organisateur de la victoire que Louis XV, en récompense de ses peines, lui donna huit canons pris sur l'ennemi.

Avait-il une âme de procureur ce ministre entraînant

son prince à la frontière avec son conseil, ses courtisans et sa favorite qui suivait en carrosse doré attelé de huit chevaux ?... Ce ministre qui, soucieux de relever le prestige de l'armée, créait une noblesse militaire accessible à tous les officiers généraux et fondait l'Ecole militaire pour les orphelins des familles nobles sans fortune ?

C'est, tout au contraire, un gentilhomme et un gentilhomme de race que de Luynes a dépeint « grand, bien fait, une figure et un visage agréable, beaucoup d'esprit et l'esprit fort étendu, très poli et d'une politesse noble et facile, de sentiments élevés, travaillant avec grande facilité ». Il faudrait ajouter à ce portrait, pour le compléter, qu'il avait un goût très sûr pour tout ce qui touchait aux Beaux-Arts ; on peut s'en faire une idée en lisant dans Thierry ou dans d'Argenville la description détaillée de sa maison de Neuilly dont la construction fut confiée à l'architecte Carteaux et où allèrent bientôt s'entasser tant de chefs-d'œuvre d'une valeur inestimable.

C'est en 1751 que notre ministre commença à faire bâtir cette élégante demeure sur le conseil que lui en avait donné Louis XV au cours d'une visite à Neuilly, et bientôt d'admirables sculptures, signées Vassé, Pigalle, Allegrain et Bâtisse, décorèrent les façades. On ménagea, tout autour, des jardins, des bosquets, des salles de verdure, des plates-bandes de fleurs et d'arbustes, de grands tapis de gazon ; la promenade conduisait de terrasses en terrasses jusqu'au bord de la Seine, qui semblait un majestueux canal dépendant de la propriété. A l'intérieur il y avait d'exquises peintures de Boucher, de Fragonard, des gouaches de Baudouin, des gravures de Moreau et de Saint-Aubin, qui vaudraient aujourd'hui des prix invraisemblables à la salle des ventes, et enfin des livres à faire rêver nos modernes bibliophiles ; car, sans être un érudit dans le sens absolu du mot, le maître de maison était le Mécène des écrivains et des artistes de son temps qui se sentaient aimés et compris par lui et qui tenaient à honneur de lui dédier leurs œuvres ; ainsi pour d'Alembert et Diderot, qui lui ont dédié l'Encyclopédie. Si l'on veut se faire une idée de l'importance de sa bibliothèque, il suffira de savoir qu'à la mort de son propriétaire elle se composait de 27.720 volumes et manuscrits. Mais le clou artistique de la maison de Neuilly était la statue en marbre de Louis XV par Pigalle, qui se dressait au milieu du grand parterre. L'artiste avait représenté le roi debout en guerrier. Marc-Pierre tenait à cette statue plus qu'à toutes ses autres œuvres d'art parce que Sa Majesté elle-même lui avait donné le bloc de marbre en spécifiant que c'était pour faire d'elle une « statue pédestre ».

Les murs de la maison de Neuilly ont été témoins de réunions bien curieuses, soit que d'Argenson se plût à grouper autour de la même table la marquise de Pompadour, la comtesse d'Estrade, sa cousine et rivale, et le duc de Biron, tous ennemis, qui s'observaient pour se déchirer, — affirme le marquis son frère, — soit qu'il conviât à des dîners de lettrés La Fare, Chaulieu, Fontenelle, Montesquieu, Dorat, Saurin, le président Hénault, l'ami de Mme du Deffant, Montcriff, le lecteur de la Reine, « l'historiogriffe des chats » — comme s'amusait à l'appeler son hôte — et même le jeune Arouet de Voltaire, de qui la muse semble avoir eu la reconnaissance de l'estomac dans ces vers :

> Je vois cet agréable lieu,
> Ces bords riants, cette terrasse,
> Où Courtin, La Fare et Chaulieu,
> Loin du faux goût des gens en place,
> Pensant beaucoup, écrivant peu,
> Parmi des flacons à la glace
> Composaient des vers pleins de feu.

A propos du dîner offert à Neuilly à Mme de Pompadour, c'est probablement à la suite de cette invitation que, désireuse de gagner par ses amabilités les trop rares bonnes grâces du ministre préféré de Louis XV, elle lui fit don d'une intaille sur cornaline, gravée de sa main, représentant le « Génie militaire », flatteuse allégorie. D'Argenson accepta le cadeau mais ne se montra ni moins froid ni moins hostile à l'égard de la donatrice ; ce fut une faute.

Désormais une lutte sans trêve ni merci allait s'engager entre eux. Le premier choc eut lieu lors de la tentative faite par cette petite intrigante de Mme d'Estrades, devenue l'amie de cœur de d'Argenson, dans le but de favoriser une fantaisie du roi pour Mme de Choiseul-Romanet, avec le secret espoir de détrôner Mme de Pompadour. La tentative échoua et Mme d'Estrades fut exilée de la cour au moment où elle montait en carrosse pour se rendre à la Muette souper avec le roi. La favorite, à la suite de ce succès, essaya bien à plusieurs reprises de faire disgracier également Marc-Pierre, mais ne réussit guère qu'à s'attirer cette réponse ennuyée de Louis XV :

LE DUC D'ORLÉANS ET SON FILS, LE DUC DE CHARTRES (DEPUIS LOUIS-PHILIPPE Iᵉʳ), A UN RENDEZ-VOUS DE CHASSE.
Tableau de Carle Vernet. (Musée de Chantilly.)

— J'ai du goût pour ce ministre. Je suis habitué à son travail et à ses formes. Vous me ferez plaisir de ne plus me tourmenter sur cet objet.

Ce n'est qu'au bout de quatorze ans qu'à la suite de l'attentat de Damiens l'obstinée lutteuse put parvenir à ses fins. L'histoire est connue. Au premier moment, on crut dans l'entourage du roi, et il se crut lui-même grièvement blessé ; immédiatement il y eut rupture de tout contact avec la marquise ; elle se voyait déjà perdue, tandis que d'Argenson devenait du même coup le personnage le plus important de l'Etat. Mais, comme au bout de quelques jours le roi ne mourait pas, la fine mouche reprit courage et eut l'idée de demander une entrevue au ministre pour savoir exactement de quoi il retournait chez le roi. Là, si nous en croyons Besenval, Grimm, le président Hénault et Mme du Hausset, il y aurait eu entre eux un échange de propos des moins amènes, qui se serait terminé par cette déclaration de guerre de Mme de Pompadour :

« — J'ignore comment tout ceci finira, mais ce qu'il y a de certain c'est qu'il faudra que vous ou moi nous nous en allions. »

Et, rentrée chez elle de fort mauvaise humeur, elle aurait répondu à l'abbé de Bernis, qui, la voyant debout devant la cheminée les mains dans son manchon, les yeux fixés sur les chambranles, lui disait :

— Vous avez l'air d'un mouton qui rêve ?
— C'est le loup qui fait rêver le mouton.

Et elle aurait jeté nerveusement son manchon sur un fauteuil.

Soudain, coup de théâtre : l'entrée inopinée du roi chez la marquise. C'est sa première visite depuis l'attentat ! Aussitôt Mme de Pompadour d'éclater en sanglots... On cherche des gouttes d'Hoffmann pour la calmer... Le roi prépare lui-même le breuvage, fait fondre le sucre, lui présente le verre... et la belle amie sourit au travers de ses larmes... Le surlendemain d'Argenson, prévenu que M. de Machault, son collègue, allait être exilé, regardait par la fenêtre de son cabinet M. de Saint-Florentin qui se rendait chez le ministre pour s'acquitter du désagréable message, lorsqu'à sa grande surprise, il le vit remonter dans sa chaise et se diriger vers ses propres bureaux. L'instant d'après, M. de Saint-Florentin entrait chez notre ami et lui remettait une lettre autographe de Sa Majesté, ainsi conçue :

« Monsieur d'Argenson, votre service ne m'étant plus nécessaire, je vous ordonne de me remettre la démission de votre charge de secrétaire d'Etat de la guerre et de vos autres emplois et de vous rendre à votre terre des Ormes. »

Ceci se passait le 5 février 1757. Quelques instants plus tard, toutes les fenêtres et les portes du cabinet du ministre à Versailles étaient fermées et il partait en voiture pour Paris, où sa femme l'attendait.

Mme d'Argenson, née Anne Larcher, remarquablement jolie, vivait alors à Paris fort agréablement en compagnie du marquis de Valfont, son amant, au vu et au su de son mari, lequel plaisantait même M. de Valfont avec un cynisme de grand seigneur.

« Il y a, lui disait-il, deux places qui vous conviendraient également, le gouvernement de la Bastille et celui des Invalides. Mais si je vous donne celui de la Bastille, tout le monde dira que je vous y ai envoyé ; et si je vous donne les Invalides, on croira que c'est ma femme. »

Dans la circonstance, Mme d'Argenson se montra à la hauteur de son rôle de femme de ministre disgracié. « Mon parti est pris, déclara-t-elle, on fait mes malles, on graisse les roues de ma voiture, je suis prête malgré ma déplorable santé à suivre partout mon mari. » Le mari, non moins chic que sa femme, s'opposa à ce bel élan de dévouement en alléguant que la santé de Madame l'obligeait à rester à Paris auprès de son médecin.

Le véritable motif de ce refus était, au dire du marquis de Valfont, que Mme d'Estrades attendait Marc-Pierre à la sortie de Paris pour l'accompagner dans sa voiture aux Ormes. M. et Mme de Voyer, ses enfants, suivaient dans une autre voiture. C'est ainsi qu'il partit pour l'exil, tandis que Voltaire, oublieux des bons dîners de Neuilly, risquait sur l'événement un assez piètre mot d'esprit : « La chèvre n'a remporté à Paris que ce mauvais quolibet : Attendez-moi sous l'orme. »

Les Ormes étaient une superbe propriété que possédait le comte d'Argenson auprès de Châtellerault sur les bords de la Vienne. Il s'y installa le plus confortablement du monde, fit enlever de Neuilly et transporter par eau, en remontant la Seine, passant par le canal de Briare, la Loire et la Vienne, sa merveilleuse bibliothèque ainsi que quantités d'objets d'art, portraits, tapisseries — un vrai déménagement — et, en particulier, la fameuse statue de Louis XV par Pigalle, qui fut réédifiée dans le parc là-bas. Marmontel a raconté dans ses mémoires qu'ayant été faire visite au ministre disgracié, celui-ci, au cours de la promenade, amena son visiteur en face de la statue et là, des larmes plein la voix :

« C'est ce que je n'ai plus le courage de regarder, soupira-t-il. Ah, Marmontel, si vous saviez avec quel zèle je l'ai servi ! si vous saviez combien de fois il m'avait assuré que nous passerions notre vie ensemble, et que je n'avais pas au monde un meilleur ami que lui ! Voilà les promesses des rois, voilà leur amitié ! »

En dépit des nombreuses visites qui se succédaient journellement aux Ormes, parmi lesquelles Montcriff, le président Hénault, Dufort de Cheverny, Marmontel, et même Voltaire ; en dépit des douces caresses de sa gentille belle-fille Mme de Voyer, — dont on disait que son nez n'aurait pas tenu dans son soulier, — qui le dorlotait comme son vieil enfant, le chagrin de sa disgrâce mina lentement Marc-Pierre. La goutte le torturait, il devenait aveugle ; les souffrances physiques achevèrent l'œuvre de déchéance morale.

Cependant Mme d'Argenson était restée à Paris avec un fort petit ménage, elle fut bientôt obligée de louer son hôtel de la rue des Bons-Enfants et d'aller vivre à Neuilly, où elle continua à voir la ville et la cour et à user du crédit qu'elle avait conservé pour obtenir le rappel de son mari. Mais elle mourut avant d'avoir réussi, le 14 avril 1764, précédant son mari dans la tombe de quatre mois à peine. C'est sans doute elle qui, si nous en croyons l'abbé Bellanger, cacha au château de Neuilly les volumes de l'Encyclopédie déjà publiés, après qu'un arrêt du Parlement eut condamné l'ouvrage à être brûlé par la main du bourreau.

Aussitôt après la mort de Mme de Pompadour, d'Argenson obtint de revenir à Paris; mais ce ne fut que pour y mourir, le 22 août 1764, dans le moment même où le roi se disposait à le recevoir.

Quelque temps avant son retour, Mme de Mauconseil, propriétaire de Bagatelle où elle recevait le roi Stanislas au son des crincrins et des musettes, avait envoyé à son ancien voisin de campagne une espèce d'optique représentant tous les monuments publics faits sous son ministère ; chacune des vues était accompagnée de couplets de la composition de Favart. Voici le couplet qui accompagnait la vue de la maison de Neuilly :

> Ombrages frais, bois épais et tranquilles,
> Palais superbe, objets délicieux,
> Jardins fertiles, charmes des yeux,
> Ah ! vous seriez le vrai séjour des dieux
> Si votre maître habitait ces asiles !

Hélas! le maître ne devait plus jamais revoir les ombrages frais de Neuilly qu'il affectionnait tant et, deux ans après sa mort, la propriété fut vendue par son fils à Radix de Sainte-Foy, trésorier du comte d'Artois, pour la somme de cent mille livres, ce qui n'était vraiment pas excessif.

OUVRAGES CONSULTÉS POUR CET ARTICLE

Mémoires du duc de Luynes. — Mémoires du duc de Croÿ. — Tornezy : Le comte d'Argenson. — Mémoires du marquis d'Argenson. — Journal de Barbier. — Mémoires de Marmontel. — Correspondance de Grimm et Diderot. — Mémoires du baron de Grimm. — Mémoires du baron de Besenval. — Journal de Mathieu Marais. — Lettre de Mme du Deffand. — Mémoires du marquis de Valfons. — Saint-Edme : Biographie de la police. — Journal de la Régence, de Jean Buvat. — Mémoires du président Hénault. — Mémoires de la lune (nouvelle revue rétrospective). — Comte Fleury : Louis XV intime. — Histoire de Neuilly par l'abbé Bellanger. — Bulletin de la commission historique de Neuilly. — Henri Martin : Histoire de la bibliothèque de l'Arsenal. — Mémoires de Dufort de Cheverny. — Vie privée de Louis XV. — Mémoires de Mme du Hausset.

LE BOIS DE BOULOGNE

CHASSE ROYALE

LE BOIS DE BOULOGNE
CHASSE ROYALE

Il n'y a pas un siècle que le bois de Boulogne était un parc enclos partout de murs, peuplé de cerfs, de biches, de daims, — voire même de lapins — où nos souverains chassaient à courre. Cette chasse était presque un délassement pour eux après les grandes randonnées dans les forêts de Saint-Germain et de Fontainebleau.

D'un accès facile, aux portes de la capitale, presque sur le chemin que suivait la cour lorsqu'elle se rendait de Versailles à Paris, le bois de Boulogne a été percé de bonne heure de nombreuses allées ; ainsi, en 1743, Louis XV fit élargir celle qui reliait le rond-point de Mortemart à la porte des Princes afin qu'un officier de ses gardes pût galoper aux côtés de son carrosse. Le sol crayeux et sablonneux convenait aux majestueuses chevauchées de toute cette vénerie dorée sur tranches. Les pièces d'eau n'y étaient peut-être pas très abondantes, — la mare d'Auteuil ressemblait plus à un marécage qu'à un étang, — seule la mare aux Biches, dans le voisinage de Madrid et de Bagatelle, permettait aux cerfs bien appris d'offrir à Leurs Majestés le spectacle de « bat-l'eau » mouvementés. Enfin les rendez-vous de chasse ne manquaient pas : à la porte de Passy, la fraîche et pimpante Muette ; à l'extrémité opposée, près de la porte de Neuilly, l'imposant et vétuste Madrid, avec ses fenêtres aussi nombreuses que les jours de l'année.

Les rois se sont montrés de tout temps fort jaloux de la conservation du gibier dans leur parc du bois de Boulogne ; aussi voyons-nous, dès le règne de Henri IV, ce domaine, qu'on appelait souvent le parc de Saint-Cloud, figurer parmi les capitaineries royales au même titre que les varennes du Louvre et de Livry, les forêts de Fontainebleau, Saint-Germain, Compiègne, etc...

On appelait varennes tous les territoires exclusivement réservés aux chasses de Sa Majesté, « où, suivant l'ordonnance de Louis XIV du 9 août 1666, il était fait très expresses inhibitions à toutes les personnes, même aux seigneurs des villages, de chasser avec fusils, arquebuses, alliers, filets, poches et tonnelles ou de mener des chiens courants, lévriers, épagneuls, barbets, et, pour les paysans, de couper leurs sainfoins ou d'enlever leurs herbages avant la Saint-Jean, de peur de détruire le gibier naissant ».

La capitainerie du bois de Boulogne n'était pas limitée, comme on pourrait le croire, aux murs du parc ; elle s'étendait bien loin au delà, en suivant le cours de la Seine, jusqu'à Pierrefitte, au nord de Saint-Denis, et vers l'est jusqu'au Bourget, pour revenir par Belleville aux portes mêmes de Paris. D'ailleurs, on la désignait, toujours dans les ordonnances royales, sous cette rubrique :

capitainerie du château de Madrid, la Muette, pont de Saint-Cloud, parc et bois de Boulogne et *plaines environnantes*.

Elle constituait un véritable département administratif avec son nombreux personnel de gardes et de fonctionnaires. Il y avait un capitaine, un lieutenant, un sous-lieutenant des chasses, un lieutenant de robe longue, un procureur du roi, un greffier, un prévôt des rachasseurs, — on appelait rachasseurs les gentilshommes qui recevaient des gages pour entretenir des chiens courants destinés à repousser l'animal de chasse lorsqu'il s'écartait trop loin des terres royales, — des exempts, des huissiers, trente gardes à pied et à cheval, sans compter une compagnie de « gardes à cheval des chasses et plaisirs du roi pour la conservation des bêtes fauves », cinq gardes des portes et un portier. Les gardes à cheval étaient payés trois cents livres et ceux à pied soixante, équipés aux frais de Sa Majesté et habillés de justaucorps bleu turquin doublés de rouge avec des galons d'or et d'argent, suivant les différentes attributions. Le capitaine des chasses du bois de Boulogne touchait, sous Louis XIV, des appointements de quinze cent cinquante livres et le lieutenant de soixante livres.

On pourrait croire qu'avec un personnel aussi nombreux, le gibier royal dût être mieux gardé dans ses varennes que le roi lui-même dans son palais de Versailles ; il n'en était rien. Les gardes eux-mêmes se faisaient les complices des braconniers en leur prêtant leurs livrées ; ou mieux, pour sauvegarder leur responsabilité, ils vendaient leurs vieilles casaques à des fripiers qui les revendaient aux braconniers ; ceux-ci, affublés de la livrée de

Sa Majesté, pouvaient alors chasser en toute sécurité dans ses réserves. Voilà pourquoi Louis XIII, par son ordonnance de septembre 1627, faisait défense aux fripiers d'acheter les casaques de ses gardes ; il faisait défense également aux rôtisseurs de Paris d'acheter le gibier vendu en fraude et aux oiseliers, autorisés à prendre les petits oiseaux, de tendre des filets pour prendre toute autre espèce de gibier.

Cependant les ordonnances royales ont dû rester impuissantes contre le braconnage puisque tous les rois, successivement, en ont republié de nouvelles, destinées à assurer la protection du gibier dans leurs varennes. Dans tous les cas, le gibier y foisonnait ; car en 1784 Mme Cradok contait dans son Journal que, revenant du pont de Neuilly à Paris, elle avait rencontré quantité de compagnies de perdrix : sans compter qu'elle découvrait souvent vingt ou trente lièvres broutant dans les champs tranquillement et d'autres s'avançant en troupe parfois jusqu'au bord du chemin. « Les lois sur la chasse, ajoutait-elle, sont si sévères aux environs de Paris que lièvres et perdreaux ne semblent redouter ni hommes ni chiens. »

Pour sûr que les peines infligées aux braconniers étaient sévères ! C'était le capitaine des chasses qui les prononçait, jugeant seul en cette matière, assisté de son lieutenant de robe longue, d'un procureur du roi et d'un greffier. La première fois, on encourait une amende de 250 livres et les engins étaient confisqués ; la seconde fois, le délinquant était battu de verges et banni à treize lieues ; la troisième fois, on l'envoyait aux galères pour trois ans, marqué d'une fleur de lis sur l'épaule ; après cela, s'il y avait récidive, on le pendait.

Que diraient de ce régime exempt de douceur nos braconniers d'aujourd'hui ?

Henri III avait réuni la capitainerie du bois de Boulogne à celle de la varenne du Louvre qui comprenait, elle, tous les environs de Paris sur la rive gauche de la Seine, depuis le faubourg Saint-Germain et la porte Saint-Victor (actuellement le haut de la rue Monge) jusqu'au delà d'Ivry et de Villeneuve-Saint-Georges.

Henri IV en nomma capitaine Nicolas Moreau, sieur d'Autheuil et de Toiry, en 1597.

A Moreau d'Autheuil succéda le sieur de Mons, puis une femme, la comtesse de Guise, née Corisande Daudour, puis un sieur de Montcourt. Enfin, après la mort de Henri IV, sur la très instante recommandation de sa première femme, Marguerite de Navarre, celle qu'Alexandre Dumas a immortalisée sous le nom de la reine Margot, que Louis XIII appelait sa *très chère et très aimée tante*, et qui habitait alors le château de Madrid, le jeune roi désigna pour commander la capitainerie François Rebour, sieur de Laleu.

En 1657, ces fonctions étaient exercées par Gabriel de Rochechouart, duc de Mortemart, qui avait été gentilhomme de la Chambre sous Louis XIII, que Louis XIV fit gouverneur de Paris et qui est demeuré célèbre dans l'histoire pour deux raisons : pour avoir eu de l'esprit, « l'esprit des Mortemart », et surtout pour avoir eu trois filles, Mmes de Montespan, de Thianges et de Fontevrault, dont l'abbé Testu disait : « Mme de Montespan parle comme une personne qui lit, Mme de Thianges comme une personne qui rêve et Mme de Fontevrault comme une personne qui parle. »

Un M. de Saint-Ange et M. Deschamps de Marcilly occupèrent la capitainerie du bois de Boulogne avant Louis, baron de Beauvais, seigneur de Gentilly (1680), fils de cette Mme de Beauvais, dame d'honneur d'Anne d'Autriche, qui eut la gloire à quarante ans sonnés de donner au jeune Louis XIV, âgé de seize ans, « ... la première leçon de doux savoir », prétend la Palatine. Louis de Beauvais donnait les modes à la cour, était fin courtisan, grand donneur d'avis et a mérité que La Bruyère le dépeignît sous les traits d'Ergaste dans ses immortels *Caractères*. Il mourut d'apoplexie au château de la Muette, au retour d'une chasse dans le bois de Boulogne, où il avait accompagné le roi.

Son successeur fut Catelan des Sablonnières, dont la femme, de mœurs peu farouches, figure dans les *Historiettes* de Tallemant des Réaux en bonne place.

Louis XIV disjoignit la capitainerie du bois de Boulogne de celle de la varenne du Louvre, afin de donner la première à Fleuriau d'Armenonville en compensation de sa terre de Rambouillet, qu'il lui avait fait vendre « par force », et pour conserver la seconde à Catelan, très habile à protéger le gibier royal. Il logea Fleuriau d'abord à la Muette, puis au château de Madrid, où ce dernier mourut.

Un marquis de Pezé fut capitaine en 1733. Vint ensuite le marquis Henri-Camille de Beringhen, chevalier des ordres du roi et son premier écuyer, — Monsieur le

Premier, comme le nommait toujours le duc de Croy, — qui, lorsqu'il recevait Louis XV dans son château de la Muette, dont il était gouverneur, s'ingéniait à procurer à son inamusable souverain des distractions... d'ordres variés.

Enfin le dernier capitaine des chasses du bois de Boulogne avant la Révolution fut Charles de Rohan, prince de Soubise, ministre d'Etat, capitaine-lieutenant des gendarmes de Sa Majesté Louis XVI, célèbre par son sérail, son hôtel de la rue des Francs-Bourgeois et les 500.000 livres de rentes viagères, augmentées de 100.000 livres de pension, que lui servait la cassette du roi sans qu'on sût trop pourquoi.

De tous ces capitaines des chasses trois seulement ont donné leur nom à des carrefours ou croix situés dans le bois de Boulogne : Catelan à la croix Catelan, Fleuriau d'Armenonville à la croix d'Armenonville et le duc de Mortemart au rond-point de Mortemart.

La croix Catelan est devenue le pré Catelan, la croix d'Armenonville le pavillon du même nom et la croix de Mortemart la butte Mortemart d'aujourd'hui. Cette dernière était le rendez-vous ordinaire lorsque le roi chassait à courre dans son parc. Celui de nos souverains qui y vint le plus fréquemment fut Louis XV ; il descendait à la Muette, courait durant la journée le cerf ou le daim et, la nuit venue, courait encore à travers le bois pour aller rejoindre au château de Madrid les jolies soupeuses que lui réservait Mlle de Charolais. Louis XIV avait usé très peu de la chasse du bois de Boulogne ; il devait s'y trouver trop à l'étroit pour satisfaire à son aise ses goûts de représentation. Quant à Louis XVI, il était trop enragé chasseur pour se contenter d'une galopade entre les quatre murs d'un parc. En revanche son frère, le comte d'Artois, ne se priva pas d'y chasser les cerfs, les biches et les daims en compagnie de la reine Marie-Antoinette. Le baron Thiébault conte qu'en 1788 ce prince força en pleine rue Royale, à Paris, une biche qui avait franchi les murs du parc et descendu d'un bout à l'autre les Champs-Elysées, suivie par la meute, les chasseurs et les calèches pleines de belles dames.

Les capitaineries, varennes et chasses royales disparurent au premier souffle de la Révolution, et j'imagine que pendant près de dix ans les braconniers durent s'en donner à cœur joie de détruire à leur aise les cerfs et les daims du bois de Boulogne ; la guillotine se chargeait de les débarrasser de tous ces capitaines, lieutenants, gardes et portiers, suppôts de l'ancien régime, qui leur avaient causé tant de soucis.

L'Empire réorganisa le service des gardes du bois ; l'empereur y vint chasser maintes fois, en 1811 notamment ; aux chasses impériales, la tenue obligée était l'habit vert dragon, à la française, boutons et galons d'or, culotte de casimir blanc, bottes à l'écuyère sans revers.

Sous la Restauration, le duc de Berry faisait des invitations à chasser le daim au bois de Boulogne. Enfin, durant le second Empire, les seules chasses qu'il y eut furent des battues de lapins, moins nombreux pourtant qu'au XVIIIe siècle, où la vente de ces animaux rapportait 40.000 livres dans toute l'étendue de la varenne du Louvre, et surtout que sous Charles V et Charles VI, qui

Cliché J. T.
NAPOLÉON Ier, CHASSANT AU BOIS DE BOULOGNE.
D'après une gravure du temps.

durent autoriser les habitants de Passy et d'Auteuil à s'emparer des ravageurs et à les rapporter soit vivants à la garenne, soit morts au receveur du roi à Paris.

Aujourd'hui, de ces différents gibiers et des souvenirs des chasses royales qui s'y rattachent, il ne reste plus qu'une harde de daims que les promeneurs matineux peuvent apercevoir à l'aube bondissant à travers les fourrés du bois, le plus souvent dans le quartier situé entre les hippodromes de Longchamp et d'Auteuil.

Ces jolis animaux au poil clair doivent être actuellement plus familiarisés avec les trompes des automobiles que le furent jamais leurs aïeux avec les trompes des équipages de chasse de ce triste Louis XV, dont le peuple saluait la dépouille mortelle, traversant le bois de Boulogne pour se rendre à Saint-Denis, des cris de : « Taïaut ! Taïaut ! » lancés sur le ton ridicule qui lui était coutumier.

OUVRAGES CONSULTÉS POUR CET ARTICLE

Mémoires de Dangeau. — Dunoyer de Noirmont : Histoire de la Chasse en France. — Journal et mémoires de Mathieu Marais. — Penel Beaufin : Histoire de Boulogne. — Baron Thiébault : Mémoires. — Journal de Barbier. — Etats de la France 1698 et 1736. — Bulletin de la Société historique d'Auteuil et de Passy. — Nouveau traité du droit de chasse de 1681. — Biographie universelle de Michaud. — Nouvelle biographie générale de Didot. — Georges Cain : Environs de Paris.

UNE ARRESTATION SENSATIONNELLE

A PASSY PENDANT LA TERREUR

UNE ARRESTATION SENSATIONNELLE

A PASSY PENDANT LA TERREUR

La littérature a, comme la toilette féminine, ses modes qui passent, ses engouements excessifs d'un jour, ses délaissements injustes du lendemain. C'est à quoi je songeais en feuilletant, un matin, sur les quais les œuvres de Paul de Kock, étalées dans la boîte d'un bouquiniste.

Personne plus que Paul de Kock n'a subi les variabilités de la mode : nos pères se sont arraché ses romans ; ma génération en a lu quelques-uns seulement ; on les ignore totalement aujourd'hui. Il a été le romancier d'une époque, l'époque de Louis-Philippe, et le succès de son œuvre n'a pas survécu beaucoup à cette époque. Pourtant ses héros étaient amusants ; je ne puis me rappeler sans sourire les péripéties extraordinairement burlesques au milieu desquelles se débattaient le sympathique M. Dupont ou l'aimable Pucelle de Belleville.

Sans compter qu'à l'occasion Paul de Kock savait mettre dans ses récits une note émue, dramatique parfois. Ainsi il a raconté dans ses Mémoires l'arrestation de son père à Passy et sa comparution devant le Tribunal révolutionnaire, en des pages angoissantes de réalité vécue. Tellement angoissantes qu'après les avoir lues, j'ai eu la curiosité de compulser aux Archives Nationales le dossier de Kock dans la fameuse série W, la série des condamnations à mort avec les annotations et les mots soulignés au crayon rouge par l'implacable Fouquier-Tinville... Et voici le résultat de mon enquête :

Le 24 ventôse an II (15 mars 1794, vieux style), à midi, le village de Passy était mis en émoi par la sortie en corps du maire et des membres du Comité de surveillance révolutionnaire flanqués d'un capitaine de gendarmerie, d'un maréchal des logis et de plusieurs gendarmes. On les vit se diriger vers la rue Chalier, l'ancienne rue Basse — aujourd'hui la rue Raynouard — baptisée à cette époque rue Chalier, en l'honneur du révolutionnaire Chalier, exécuté à Lyon en 1793 pendant l'accès de fédéralisme qui valut à la malheureuse cité de si terribles représailles.

Arrivés en face du n° 31 qu'habitait Jean-Conrad de Kock, banquier hollandais, nos magistrats se divisèrent en deux groupes : l'un, composé des membres du Comité de surveillance, s'en fut tout droit sonner à la porte de la maison tandis que l'autre, sous les ordres du capitaine de gendarmerie, s'embusquait dans les environs. Il s'agissait de procéder à l'arrestation du citoyen de Kock accusé de complicité avec Hébert, « le père Duchesne », avec Ronsin, Cloots, Mommoro et en général tous les hébertistes dans une vaste conspiration qui avait pour but, prétendait-on, d'affamer Paris et de provoquer un soulèvement contre la Convention nationale.

Comme le banquier avait l'habitude de se rendre tous

les matins à Paris vers dix heures et de ne rentrer dîner chez lui à Passy que sur les quatre heures du soir, les gendarmes, postés au dehors, reçurent la consigne de surveiller son retour pour l'appréhender sans qu'il pût faire de résistance ; les commissaires, eux, allaient perquisitionner à son domicile en l'attendant.

Tandis que les uns sont à l'affût au dehors et que les autres, décorés de leurs insignes édilitaires, attendent qu'on leur ait ouvert la porte du logis, disons ce qu'était ce de Kock, dont le Comité de sûreté générale ordonnait ce jour-là l'arrestation.

Jean-Conrad de Kock, né à Heurdin (Hollande), avait exercé la profession d'avocat à La Haye. Eloquent, instruit, bien de sa personne, distingué, riche et de bonne famille, donc point en peine de trouver femme, il s'était marié avec une demoiselle Meskus, qui lui avait donné cinq enfants, deux fils et trois filles. Pour son malheur, il avait fait de la politique nationaliste dans son pays et, comme la femme de Guillaume V, qui ne goûtait pas cette politique-là, avait eu recours en 1787 à l'intervention de 30.000 Prussiens pour mettre ses sujets à la raison, force avait été à l'ardent patriote d'exporter son patriotisme hors frontière. Il était venu chercher un refuge en France avec Mme de Kock et ses deux fils ; les filles étaient restées au pays, confiées aux sœurs de Jean-Conrad.

A Paris l'exilé travailla d'abord comme commis dans la maison de banque Girardot et Haller. Le 31 décembre 1789 sa femme mourut. Il ne paraît pas avoir été inconsolable de cette perte, car, au bout d'un an à peine, il se remariait avec une veuve Anne-Marie Kisberger, originaire de Bâle, âgée de vingt-huit ans, qui lui apportait en dot trois fils d'un premier mariage. Ce qui faisait à eux deux un apport commun de huit enfants, auquel ils s'empressèrent d'en ajouter encore deux, une fille et un fils, probablement pour faire un compte rond. Ce fils, le dernier, le Benjamin, né le 21 mai 1793, et qui n'avait, par conséquent, pas tout à fait dix mois au moment de l'arrestation de son père, était Charles-Paul, le futur romancier. Mais n'anticipons pas.

En 1791, l'employé de la maison Girardot et Haller de commis se fit patron en s'associant au banquier Sartorius Chockard ; leurs bureaux étaient situés rue Bourbon-Villeneuve, 314 — rue d'Aboukir actuellement. L'association ne devait pas durer deux années ; les événements politiques se précipitaient. En même temps que la Révolution triomphait à Paris, on se battait aux frontières ; le théâtre de la guerre était la Belgique.

Aussitôt notre banquier s'empresse de liquider sa banque et de partir sans retard, avec sa femme enceinte de son dernier enfant, pour Louvain, quartier général de l'armée du Nord. Il était avec Abbéma, de Witt, de Boetzaer, Huber et Van Hoey, un des principaux organisateurs du Comité batave composé des patriotes hollandais réfugiés comme lui en France ; le Comité venait de lever, d'organiser, d'habiller et d'armer une légion franche de 2.800 hommes, qu'il mettait au service de la République, avec l'espoir que l'armée française allait tenter la conquête de la Hollande et Dumouriez, alors commandant en chef, avait accepté l'offre de la légion franche que lui avait faite le président du Comité batave, Anarcharsis Cloots, « l'Apôtre du genre humain ». Voilà comment nous retrouvons de Kock, promu colonel de la légion batave, marchant avec Westermann à l'avant-garde de l'armée française, puis enfermé dans Gertruydenberg, et obligé de capituler, sortant glorieusement de la place avec les honneurs de la guerre. Pendant ce temps Dumouriez passait aux Autrichiens et tous les beaux projets du Comité batave étaient à vau l'eau, car la Convention semblait renoncer à toute idée de conquérir la Hollande.

L'activité de de Kock chercha alors un autre moyen de s'exercer en faisant de la propagande patriotique par le journal. Il revint à Paris et avec Anacharsis Cloots fonda le *Sans-Culotte batave*. Comme sa femme était alors sur le point d'accoucher, il fut l'installer à Passy, rue Chalier, dans la maison du Belvédère, juste derrière l'église, après avoir expédié ses fils aînés en Belgique et mis sa dernière petite fille en pension dans une institution tout en bas de Chaillot.

Quotidiennement il faisait la navette entre Passy et Paris. Sa carrière militaire à l'armée du Nord, puis sa collaboration au *Sans-Culotte batave* l'avaient mis en relation avec de nombreuses personnalités politiques et militaires très en vue. C'est ainsi que, demeurant à Paris, toujours rue Bourbon-Villeneuve, maintenant rue Neuve-de-l'Egalité, dans la même section qu'Hébert et presque son voisin — le père Duchesne avait ses bureaux cour des Miracles — journaliste comme lui, ils se connurent, se lièrent et bientôt le ménage Hébert fut reçu dans l'intimité du ménage de Kock à Passy. Les deux femmes venaient presque en même temps d'être mères, Mme de Kock suggéra à Mme Hébert de mettre son bébé en nourrice chez sa jardinière; à vrai dire, la citoyenne de Kock n'aimait pas beaucoup chez « la mère Duchesne » la manie qu'elle avait de toujours parler des affaires publiques : elle n'était point une femme politique.

Pourtant la politique faisait le fond de toutes les conversations à la table de Jean-Conrad, son époux, « le bel Hollandais », comme on l'avait surnommé dans le grand monde du sans-culottisme. Il avait de la fortune et ne regardait pas à dépenser; son train de maison à Passy était établi sur un pied des plus confortables. Accueillante demeure dont les fenêtres s'ouvraient, par delà la Seine, sur la lointaine perspective du Champ de la Fédération; excellente table autour de laquelle venaient s'asseoir des généraux, des ministres protestants, des magistrats parisiens, des députés montagnards. Westermann y coudoyait le pasteur Maron, un compatriote du maître de la maison; le général Laumur s'y entretenait avec Hébrard Vincent, secrétaire du ministre de la Guerre. Hébert y trônait. Paul de Kock l'a dépeint « un tout petit monsieur à la figure fine, gracieuse, toujours tiré à quatre épingles, musqué, ambré, pommadé ». Il avait soin, sans doute, d'oublier dans l'antichambre les f... et les b... coutumiers du père Duchesne, qui eussent choqué cette société tout épicurienne où sa femme, Marie Goupil, l'ex-religieuse du couvent de la Conception Saint-Honoré, mettait tout l'étincellement de son charmant esprit. Anacharsis Cloots y prêchait ses utopies philosophico-humanitaires au dessert à tout un groupe de réfugiés hollandais : Van Hocq, Thoofd

Saint-Aman, Propstein, qui, tout bas entre eux, le traitaient de Prussien. Seul Ronsin détonnait dans cette société policée avec « ses airs de dogue en colère ».

Ah ! les aimables dîners de la maison du Belvédère, le « bel Hollandais » allait les payer terriblement cher ; car ils n'étaient point ignorés des ennemis du père Duchesne et on allait bientôt en faire à l'un comme à l'autre un sanglant grief. D'abord Camille Desmoulins attacha le grelot en lançant dans le n° 5 de son *Vieux Cordelier* cette apostrophe à Hébert :

« C'est le banquier Kock chez qui toi et ta Jacqueline vous passiez à la campagne les beaux jours de l'été... Penses-tu que j'ignore que c'est avec l'intime de Dumouriez, le banquier hollandais Kock, que le grand patriote Hébert, après avoir calomnié dans sa feuille les hommes les plus purs de la République, allait, dans sa grande joie, lui et sa Jacqueline, boire le vin de Pitt et porter des toasts à la ruine des réputations des fondateurs de la liberté ? »

...Maintenant revenons aux membres du Comité de surveillance de Passy que nous avons laissés sonnant au 31 de la rue Chalier ; on leur a ouvert la porte, ils sont entrés au nom de la loi.

De Kock était absent, mais il y avait là sa femme. Séance tenante, ils lui firent subir un interrogatoire : ses noms, prénoms, le nombre de ses enfants, où ils étaient, ce qu'avait fait son mari depuis qu'il habitait la France, depuis combien de temps ils demeuraient à Passy... toutes sortes de questions insidieuses auxquelles elle répondit sans se troubler. Puis ce fut le tour du citoyen Saint-

Aman qui se trouvait en ce moment chez les de Kock ; il déclara être de nationalité hollandaise ci-devant capitaine au 101e et demeurer rue Neuve-Saint-Eustache, à Paris, Maison de Strasbourg.

On fit comparaître également le citoyen Chandepie, instituteur, natif d'Alençon, qui instruisait les enfants du banquier, dont il était le voisin rue Bourbon-Villeneuve, et dont il avait fait la connaissance étant de garde ensemble au camp sous Paris.

Les autres citoyens et citoyennes qui composaient la domesticité de la maison durent, tous successivement, venir décliner leurs noms et qualités devant les terribles enquêteurs. Joséphine Avot, femme de chambre, vingt-huit ans ; Marguerite Seigné, dix-huit ans, domestique ; Guillaumet, trente-cinq ans, domestique, depuis trois ans au service de Kock ; Moreau, jardinier, et sa femme, portière.

A trois heures un quart, grand mouvement à la porte. C'était Jean-Conrad de Kock, le propriétaire, que les gendarmes venaient d'arrêter dans la rue. Lorsqu'ils lui avaient sauté au collet, trois hommes l'accompagnaient vêtus de costumes « modernes », armés de ces solides bâtons qu'on appelait « Constitution », et coiffés de bonnets de police surmontés d'écarlate. Seulement, à la vue des gendarmes, les trois personnages avaient pris la clé des champs.

Avant d'emmener l'ex-banquier à la Conciergerie, il y avait une formalité à remplir en sa présence : l'apposition des scellés sur tous les meubles qui pouvaient contenir des papiers importants.

Il réclama le droit de retirer auparavant ses certificats de civisme, ses quittances d'impositions, un reçu de 3.000 livres prêtées à la commune de Passy et la liste de ses dons patriotiques, pour les emporter avec lui ; dans l'espoir, sans doute, que ces pièces lui seraient utiles là-bas pour sa défense. Comme le pauvre homme n'avait rien pris depuis le matin et qu'il défaillait d'émotion et de besoin, les citoyens commissaires lui permirent de manger un morceau de pain pendant qu'on apposait les scellés.

Et l'on se représente très bien cette scène poignante : toutes les portes ouvertes, les magistrats affairés collant des bandes en travers des meubles, de Kock les suivant de chambre en chambre, encadré de deux gendarmes, tout en mordant machinalement dans son morceau de pain ; sur un fauteuil du salon, sa femme, effondrée, berce le pauvre bébé que toutes ces figures sinistres épouvantent ; près d'elle, debout, ses amis, muets, consternés ; à la cuisine, les domestiques terrorisés n'osent pas échanger une parole, tandis que dans la rue un groupe de voisins pérore, gesticule et attend.

Quand il s'est agi de signer le procès-verbal d'apposition des scellés, de Kock a déclaré simplement :

— Faites attention que je dois 700 livres pour trois ans et demi de gages à mon domestique Guillaumet.

A ce moment est entré en coup de vent le citoyen Propstein, qui arrivait de Paris. On lui a demandé qui il était :

— Je suis un patriote hollandais ; j'ai été chassé de mon pays par les Prussiens au moment où Dumouriez trahissait. Je suis arrivé en France sans asile et sans ressources, et c'est mon compatriote de Kock, que vous arrêtez aujourd'hui, qui m'a recueilli, qui m'a secouru ! Je l'ai vu naître, de Kock, sa maison est la mienne ; il a été l'ami de toute ma vie !

Vaines protestations : les scellés posés, l'ordre du départ a été donné ; le mari a embrassé une dernière fois — ce devait être, en effet, la toute dernière ! — sa femme et son enfant, serré la main de ses amis ; et à sept heures et demie du soir il était écroué à la Conciergerie, tandis que dans la maison de Passy régnait maintenant le silence des grandes catastrophes.

...Dix-neuf jours plus tard, un matin d'avril, dans le jardin de la maison du Belvédère, rue Chalier, une femme en grand deuil se promène tenant son bébé dans ses bras. Cette femme, c'est Mme de Kock, veuve depuis une semaine. Son mari, « le bel Hollandais », a été condamné à mort dans la nuit du 4 germinal à une heure du matin et guillotiné le même jour sur la place de la Révolution avec Hébert, Ronsin, Vincent, Cloots, Momoro, Proly, Mazuel, Dubuisson, Ancar, Ducroquet, Leclerc, Bourgeois, Decombes, Desfieux, Pereyrat, la femme Latreille et Quetineau son mari. Devant le Tribunal révolutionnaire Kock a répliqué fièrement à Fouquier-Tinville, qui l'accusait d'avoir conspiré contre la représentation nationale :

— Je suis Hollandais et si, fuyant mon pays opprimé, j'ai demandé asile à la République française, ç'a été pour la servir, autant qu'il était dans mon pouvoir, de mon intelligence et de mon sang, dans l'espoir que, victorieuse des rois coalisés, elle étendrait jusque sur ma patrie les bienfaits de la liberté, et non pour me mêler à des dissensions intestines !

Sa belle réponse ne l'a pas empêché d'être compris dans la fournée des « Hébertistes ». Il a été exécuté l'avant-dernier, entre Vincent, qui se désolait, et Anacharsis Cloots, impassible, perdu dans son rêve humanitaire. Au moment de monter sur l'échafaud, de Kock a échangé avec le pasteur Maron, son compatriote et son ami, posté aux premiers rangs de la foule, un suprême et douloureux regard, où le malheureux a mis une dernière pensée pour ceux qu'il aimait. Puis, la tête tombée, c'est le dévoué pasteur qui s'est chargé de la pénible mission de se rendre dans la soirée auprès de Mme de Kock pour lui annoncer qu'elle était veuve.

Depuis lors, elle vit recluse dans sa maison, gardée à vue, par mesure de sûreté, ainsi que son ami Saint-Aman, par les citoyens Jean Nanot et Martin-Martial Trouvé, deux purs sans-culottes de Passy. Comme tout ce qu'elle possédait a été mis sous scellés au moment de l'arrestation de son mari, elle n'a pour vivre que quelques pièces d'or restées par hasard au fond de ses poches ; le maigre magot touche à sa fin.

Donc, ce matin-là, Mme de Kock promène son bébé dans le jardin lorsque retentit à la porte un coup de sonnette. La bonne accourt, tremblante, la voix étranglée d'émotion, annoncer à sa maîtresse :

« Il y a là quatre hommes qui demandent à vous parler. Je les ai bien reconnus : trois d'entre eux sont les mêmes qui sont venus chercher Monsieur. »

Elle n'a pas achevé que les quatre hommes s'avancent dans le jardin. Le premier, de taille moyenne, maigre, vêtu simplement, a quitté son chapeau en s'approchant de la promeneuse. Tout de suite elle a reconnu Fouquier-Tinville.

— Citoyenne, lui dit-il sur un ton de parfaite politesse, ton mari a été jugé et condamné, il faut que tu comparaisses à ton tour devant le Tribunal révolutionnaire ; et, en attendant, force nous est de te conduire à l'Abbaye.

Après le premier moment de saisissement causé par la terrible menace, Mme de Kock a repris son sang-froid et maintenant, de toute son énergie, elle proteste :

— Pourquoi comparaîtrai-je devant le Tribunal révolutionnaire ? Qu'ai-je fait pour aller en prison ? Moi, une femme, de quoi m'accuse-t-on ?

Fouquier ouvre la bouche pour répondre à la malheureuse par quelque implacable fin de non-recevoir, lorsque soudain le bébé, au cou de sa maman, se prend à rire aux éclats de ce joli rire argentin des enfants heureux, au nez de l'accusateur public.

Surprise charmée de Fouquier, qui questionne aussitôt.

— C'est à toi, cet enfant, citoyenne ?
— Oui, citoyen.
— Quel âge a-t-il ?
— Dix mois.
— Il est fort sage. Où est sa nourrice ?
— C'est moi, citoyen, qui le nourris.
— Ah ! c'est toi, c'est toi qui...

Et la phrase reste inachevée, tandis que l'homme paraît songeur un moment. Puis il se tourne vers ses trois compagnons :

— Eh bien, puisque la citoyenne Kock nourrit, je ne

LA BARRIÈRE DE PASSY.
Dessiné et gravé par HIMELY. (Musée Carnavalet.)

vois pas l'inconvénient qu'il y aurait à la laisser encore un peu ici.

L'un des autres, — Cofinhal peut-être, car c'est lui qui accompagne ordinairement Fouquier, en qualité de juge du Tribunal révolutionnaire — a objecté :

— Mais... tout a été saisi ici au nom de la loi... on va tout vendre !

— Et puis ? interrompt Fouquier cassant... La citoyenne rachètera son lit et le berceau de son fils, et voilà tout !... Si elle n'a pas d'argent, elle est assez jolie pour trouver quelqu'un qui lui en prête...

Et, s'adressant de nouveau à Mme de Kock, haletante d'espoir :

— C'est convenu, citoyenne, tu resteras ici cinq ou six mois, le temps de sevrer ton enfant... Salut et fraternité.

Et il s'éloigne pour aller au premier étage procéder à la levée des scellés, afin que tout le mobilier soit inventorié et vendu au profit de la nation.

Trois mois plus tard, le 9 thermidor débarrassait à tout jamais l'infortunée des dangereuses visites de Fouquièr-Tinville ; mais c'est tout de même à Paul de Kock, âgé de dix mois, que sa mère dut d'échapper à l'échafaud ; ce qui lui permit de se remarier une troisième fois, en 1799, avec un M. Gaigneau, chef de bureau à la direction des contributions, et de vivre jusqu'à l'âge de quatre-vingt-dix ans. « Une gaillarde », comme disait son fils.

A l'exemple de mon cher maître et ami Georges Cain, j'ai voulu voir de mes yeux la physionomie de la rue Raynouard à la hauteur du n° 31, bien que je fusse prévenu par Paul de Kock, lui-même, dans ses Mémoires, que la maison n'existait plus depuis de nombreuses années. Ah ! comme j'ai eu tort d'aller gâter par la réalité la jolie vision que j'avais gardée de la rue Raynouard il y a trois ans à peine, avec ses grands murs tristes bordés de trottoirs étroits, ses vieilles portes d'anciennes demeures, qui, en s'ouvrant, laissaient apercevoir des terrasses enguirlandées de glycines et de vignes vierges, avec au loin des échappées sur la Seine. Maintenant on a élargi la rue ; de grands immeubles à sept étages remplacent les discrètes maisons d'autrefois cachées derrière leurs murs, et les autos y circulent en vitesse : c'est le progrès ! Quant au 31, par une fatalité inexplicable, c'est le seul numéro de la rue Raynouard qui n'existe pas ; on passe sans transition du 29 au 33 en suivant un mur bas qui relie une porte à l'autre. Par contre, la rue de l'Annonciation, l'ancienne rue de la Raison, a gardé un peu mieux son cachet de petite rue commerçante de la banlieue parisienne. Mais je gage que si l'ombre de Paul de Kock revenait jamais errer dans le quartier où il est né, elle s'enfuirait bien vite en fredonnant :

>	Qu'on est heureux,
>	Qu'on est joyeux,
>	Tranquille,
>	A Romainville !
>	Les bois charmants,
>	Pour les amants,
>	Sont remplis d'agréments.

Hélas ! l'agrément des bois de Romainville a rejoint au pays des vieilles lunes le charme paisible de la rue Raynouard. Où sont les neiges d'antan ?

OUVRAGES CONSULTÉS POUR CET ARTICLE

Mémoires de Paul de Kock. — Archives nationales : W 76-77 et 78. — La Bédollière : Le nouveau Paris. — Fantin Désodoards : Révolution de France. — Thimothée Trimm : Vie de Paul de Kock. — Archives de la Seine 5333, 7482. — Renseignements fournis par M. L. Batcave de la Société historique d'Auteuil et de Passy. — Doniol : Histoire du 16e arrondissement. — Georges Avenel : Anacharsis Cloots. — Gournay, Journal militaire. — E. de Mirecourt : Paul de Kock.

TABLE

L'Architecte de Bagatelle.	3
Grandes revues et parades	23
Le cabinet de physique de Louis XV a la Muette.	35
Mme Grand, chatelaine de Neuilly.	49
Notre-Dame-des-Arts a Neuilly	63
Le naturaliste Adanson aux Ternes	75
L'école de Mars	87
Radix de Sainte-Foy, trésorier du comte d'Artois	103
Les « Petits Comédiens » du bois de Boulogne.	127
Le grand Musard, maire d'Auteuil.	139
Le restaurant Gillet a la porte Maillot.	153
Un ambassadeur turc a Bagatelle.	167
Le conventionnel Lofficial a Passy	177
Débris de la Grande Armée	191
M. de Monville, l'éternel ennuyé	209
La sibille du bois de Boulogne.	223
Un internonce au bois de Boulogne sous la terreur.	239

La famille d'Orléans a Neuilly	253
Le comte d'Argenson et sa maison de Neuilly	265
Le bois de Boulogne, chasse royale	281
Une arrestation sensationnelle a Passy pendant la Terreur	293

Imp. de Vaugirard, H.-L. Motti, dir., 12-13, impasse Ronsin, Paris.

www.ingramcontent.com/pod-product-compliance
Lightning Source LLC
Chambersburg PA
CBHW070435170426
43201CB00010B/1098